"珍藏中国"系列图书

贾文毓 孙轶◎主编

趵突洄澜
中国的名泉

刘雪婷 编著

希望出版社

图书在版编目（CIP）数据

中国的名泉：趵突泂澜/贾文毓主编. -- 太原：希望出版社，2014.10（2017.4 重印）
（珍藏中国系列）

ISBN 978-7-5379-6329-9

Ⅰ.①趵… Ⅱ.①贾… Ⅲ.①泉－介绍－中国 Ⅳ.①K928.4

中国版本图书馆CIP数据核字（2014）第002993号

图片代理：www.fotoe.com

中国的名泉——趵突泂澜

编　　著	刘雪婷
责任编辑	张　平
复　　审	杨照河
终　　审	刘志屏
图片编辑	封小莉
封面设计	高　煜
技术编辑	张俊玲
印制总监	刘一新　尹时春
出版发行	山西出版传媒集团·希望出版社
地　　址	山西省太原市建设南路21号
经　　销	新华书店
制　　作	广州公元传播有限公司
印　　刷	三河市兴国印务有限公司
规　　格	720mm×1000mm　1/16　13印张
字　　数	260千字
版　　次	2015年2月第1版
印　　次	2017年4月第3次印刷
书　　号	ISBN 978-7-5379-6329-9
定　　价	39.00元

目录

一、泉水综述

泉水汩汩何处来 …………………………… 12

泉水形成的原因 …………………………… 15

五花八门的泉水 …………………………… 16

泉水的分布 ………………………………… 18

二、中国十大名泉

趵突泉 ········· 21
- 趵突泉水档案 ········· 21
- 追根溯源 ········· 22
- 趵突泉边揽景 ········· 24
- 名称拾趣 ········· 27
- 趵突泉边奇事 ········· 28

北京玉泉 ········· 30
- 玉泉档案 ········· 30
- 玉泉边揽景 ········· 31
- 玉泉边轶事 ········· 33

中泠泉 ········· 39
- 中泠泉档案 ········· 39
- 中泠泉边揽景 ········· 40
- 中泠泉边轶事 ········· 44

谷帘泉 ········· 51
- 谷帘泉档案 ········· 51
- 谷帘泉边揽景 ········· 52
- 谷帘泉边轶事 ········· 57

惠山泉 ········· 59
- 惠山泉档案 ········· 59
- 惠山泉边揽景 ········· 62
- 惠山泉边轶事 ········· 65

虎跑泉 ··· 67

虎跑泉档案 ·· 67
追根溯源 ·· 68
虎跑泉边揽景 ·· 71
虎跑泉边轶事 ·· 73

苏州观音泉 ··· 74

观音泉档案 ·· 74
观音泉边揽景 ·· 75
观音泉边轶事 ·· 77

大明寺泉 ··· 81

大明寺泉档案 ·· 81
大明寺泉边揽景 ·· 82
大明寺泉边轶事 ·· 84

招隐泉 ··· 89

招隐泉档案 ·· 89
招隐泉边轶事 ·· 90

白乳泉 ··· 93

白乳泉档案 ·· 93
白乳泉边揽景 ·· 94
白乳泉边轶事 ·· 95

三、中国著名温泉度假胜地

北京九华山庄 ··· 98

山庄情况 …………………………………………… 98
山庄行宫 …………………………………………… 99

海南皇冠假日滨海温泉酒店 …………… 102

走进皇冠 …………………………………………… 102
海南温泉 …………………………………………… 103

广东中山温泉宾馆 ……………………………112

中山温泉 …………………………………………… 112
再现历史 …………………………………………… 113
沐浴金山 …………………………………………… 115
泉边赏景 …………………………………………… 116
山庄概况 …………………………………………… 119
从化温泉 …………………………………………… 119
海螺沟温泉 ………………………………………… 121
冰清玉洁——海螺沟 ……………………………… 123

四川峨眉山天颐温泉度假区 …………… 126

天颐温泉 …………………………………………… 126
峨眉美景 …………………………………………… 126

西藏温泉 …………………………………… 132

西藏温泉 …………………………………………… 132
走进止贡提寺 ……………………………………… 136

云南温泉 …………………………………… 139

云南温泉 …………………………………………… 139

四、温泉与健身

畅聊温泉 ·············· 149
温泉的形成·············· 149
温泉的类型·············· 150

温泉的奇效·············· 152
温泉的健身疗效·············· 152
泡温泉的常识·············· 155
温泉文化·············· 159

五、泉水与文化

货币用语中的"泉"·············· 161

帝王与温泉·············· 165
尊贵的古代温泉·············· 165
李世民与《温泉铭》·············· 171
华清池史话·············· 172
汤岗子温泉文化·············· 173
古人论水·············· 175
茶与水·············· 177

六、天下奇泉齐聚会

▲趵突泉三窟涌动

一 泉水综述

中国的名泉

　　水是生命的摇篮,是人类最古老也是最神圣的发现之一。打开世界地图,或者注视着地球仪,我们会看到,代表了水的蓝色是我们地球母亲身上最显眼的颜色。太空中的宇航员说,我们居住的地球是一个两头有一点扁的球体,她全身都是蔚蓝色的,美丽而又神秘。水是我们的地球数量最多,分布最广泛的天然物质,水覆盖了地球三分之二还要多的表面,而陆地只有三分之一不到。所以,我们的"地球",其实是一个巨大的"水球"。

　　地球上的水,大体上可以分成三种:第一种是人身体里面的水,我们每天吃饭、喝水,都会把水存进身体里面。其他的动物、植物身体里面也都有水。这种水叫做"生物水"。第二种是"地下水",我们平时用的井水就是地下水,有的地方,比如我国的西南地区,地下水还会汇合起来,形成地下河。第三种水就是我们最常见到的"地表水",地表水千姿百态,有的变成穿过大山穿过峡谷的小溪,有的变成静静流淌滋养两岸的小河,有的变成气势汹涌、一往无前的大江。地表水最终汇合,起来形成地球上最壮观、最美丽的大海。而我们要讲的泉水,就是由神秘的地下水钻出地面,变成美丽的

▲水

一 泉水综述

地表水的结果。

我们的祖国幅员辽阔，物产丰富，是世界上泉水最多的国家之一，拥有大大小小的清泉总共十万多个，其中有名的泉水就有上百个。泉水的形态多种多样，变化万千。有的泉水从高处坠落而来，好像一道美丽的绿色天桥；有的泉水一会儿出现在地面，一会儿又藏回地下，好像在玩捉迷藏；有的泉水慢慢地吐着泡泡，好像水面上浮起一颗颗小珍珠。还有其他许多种类，一下子都说不完。有名或者有趣的泉水分布在祖国大地的各个地方，大西北有敦煌的月牙泉，雪域高原上有西藏的爆炸泉，宝岛台湾有阳明山温泉，不胜枚举。

> **知识链接**
>
> 温泉。顾名思义，温泉就是由温暖的水形成的泉水。温泉水被地球内部加热以后冒出地面，这里变成了人们的疗养胜地。温泉水中都含有非常丰富的矿物质，很多温泉都能够帮助人们强身健体，驱除疾病。我国的温泉分布也十分广泛，从东北到西南，从高山到宝岛台湾，各地都有大大小小的温泉存在。

这些泉水也都有自己的特点。有的泉水特别香甜，非常适合饮用。比如杭州的虎跑泉，泉水配上杭州著名的龙井茶叶，是喜欢喝茶的朋友们最难得的享受。再比如青岛的崂山泉水，水中富含对人体有益的矿物质，用它生产出来的矿泉水中外闻名。北京城外玉泉山的泉水，在明清时期是皇宫用水的唯一来源，这里被称为"天下第一泉"。还有其他大大小小的名泉，我们慢慢就能见到啦。

美丽的泉水滋养着人们的生命，提供着人们生活日常所需的水源。同时，美丽的泉水还点缀着人们的视野，装扮着美丽的大自然。有的泉水岸边四季如春，有的泉水寒冷似冰；有的泉水水面平静，美丽的好像一块翡翠，有的泉水喜欢热闹，水面没有一刻安静，惹人喜爱。除此之外，还有各种大大小小、千奇百怪的泉水，等着我们一起去发现，一起去游览。

自古以来，许多诗人、文人都特别喜欢游览名泉，并且留下了许许多多描写泉水的诗句。许多有名的泉水还是用著名人物的名字命名的。了解泉水，不仅能欣赏到各地的自然美景，学到不少科学知识，还能帮助我们了解许多古代的历史文化呢。

中国的名泉

泉水汩汩何处来

唐代"诗仙"李白曾写道:"君不见黄河之水天上来,奔流到海不复回。"这句话是对奔腾的黄河水的来源和去向最美好的想象与解释。可是,那么多美丽的清泉又是从哪里来的呢?

▲涌动的泉水

一 泉水综述

地下水钻出地面，就变成了泉水。所以，泉水的直接来源就是地下水。地下水的来源又是哪里呢？让我们进入地球深处找找吧。

40多亿年前，我们的太阳系中许许多多互相靠近的尘埃和气体结合在了一起，慢慢长出了一个"核心"，这个核心又慢慢吸引周围的物质，终于变成了我们今天居住的地球。原始的地球很小，也没有什么引力，所以就留不住空气，没有办法形成大气层。后来，由于地球越来越大，地球核心的地方温度越来越高，于是组成地球的物质当中比较重的一些就变成了地面，比较轻的气体就跑到了地面之外，被地球的引力留住，变成了地球的大气层。地球表面慢慢形成了多种多样的地貌，有火山，有峡谷，也有高原。在这些原始的地表上面，覆盖着地球最初的大气层。

水蒸气就是原始大气层的一部分。组成地球的物质多种多样，其中有许多是更加古老的星球的碎片。它们中间藏着许多凝结起来的水分，还藏着许多和别的物质结合在一起的水分。这些水分在地球内部受热，就变成了水蒸气跑到了空气当中。许许多多水蒸气慢慢结合起来，形成了巨大的云层。原始地球的第一场大雨就这样诞生了。雨越下越多，地球表面终于出现了最初的海洋、河流、湖泊。当然，也形成了许许多多的地下水。

要形成地下水，必须得满足两

> **知识链接**
>
> 地下水在地球内部是怎么"居住"的呢？
>
> 地下水"居住"的地方，是地球内部岩石之间的空隙，不同的岩石有不同大小的空隙，可以容纳不同数量的"客人"。岩石的分布方式也很重要，不同的岩石分布方式决定了地下水是长期的居住在同一个地方，还是在地下到处奔波。
>
> 除了极少数"自闭"的家伙以外，绝大多数的岩石都很"好客"，愿意容纳地下水来居住。有的地方，岩石很坚硬，形成的空隙不大，而且空隙分布比较平均。这些地方的地下水也就居住的比较分散，比较平均。有的地方地下的岩石比较松散，支离破碎，形成了很大的空隙。这些地方的地下水分布得就比较密集，往往形成奔腾的地下河流。在盆地，由于盆地的底部比周围要低上很多，这里居住的地下水受到周围的压力很大，往往因为承受不住压力而自己从地面上冒出来，这就是著名的"自流水"。四川盆地就有很多这样的自流水景观。

个条件：第一个条件当然是要有水；第二个条件则是要有能储存水的地下空间。这两个条件都受到许多原因的影响。在不同的地方，形成的地下水很不一样。

雨水和雪水，是地下水的主要补给来源。降水的多少直接决定着一个地方的地下水是多还是少。在比较湿润的地区，每年的降水很多，地下水也就很丰富。在比较干旱的地方，每年的雨水很少，地下水的水量就很小。在我国南方打井，稍微向下挖就能出水；而在西北地区，打井需要挖上接近百米，就是这个道理。

除了降水，地表水，比如河水、湖水等，也能补充地下水。有河流、湖泊的地方，地下水也会比较丰富一些。而且这样的地下水流动性比较强，水质也就比较好。

地面上不同的地形也会影响地下水的形成。我们祖国的不同地区，地下水有着各自不同的特征。

在地形平坦的平原地区，比如号称"鱼米之乡"的江南，号称"天府之国"的四川盆地，地面比较松软，水流的速度很缓慢，所以雨水落到地面上没办法很快逃走，时间一长，它们只好渗入地下，变成地下水的一部分。在平原和盆地这样的地区，特别是降水多的平原和盆地，地下水量非常丰富。

浩瀚的沙漠，地面也很疏松，非常方便雨水直接跑到地下。可惜沙漠地区一年到头也不会下几次雨，所以沙漠地区的地下水数量不多，还藏得很深，因此显得非常珍贵。

黄土高原的地面黄土很细密，雨水降落到地面，根本没办法渗透下去。而且每年降水量还很少，所以黄土高原是我国主要的缺水地区。

山地往往是地下水生活的主要场所。因为山地有很多岩石，岩石之间的缝隙是地下水最喜欢的住处。在一些高大的山脉里面，因为大山挡住了湿润的空气，山区的降水很丰富，这样导致山区的地下水资源比周围要多出很多。这些水资源是当地的人们生活的重要保障。

因为有丰富多彩的地下水的存在，才形成了让人眼花缭乱的各种清泉。我们要好好感谢地下水，它们不仅给人们提供了许多日常的饮用水，还用泉水这样美丽的景观，装扮了我们的世界。

泉水形成的原因

前面说，地下水是泉水的来源。那么，地下水是怎样变成泉水的呢？

有的泉水是从地下冒出来的，这些地下水本来很安静的生活在地下，结果流动到某个地方的时候，周围的压力改变了，地下水承受不住这样的压力，就从下往上钻出地表，变成了泉水。有的泉水是从高处流出来的。特别是在山区，山石里面藏着的地下水顺着缝隙自然而然的由上往下流动，等到某个开口的地方就流了出来，变成了一汪清泉。

▲自由奔放的泉水

人类一直在向大自然学习生存技能，泉水能够给人们提供必须的水源，人们当然希望可以自己创造泉水来随时使用。于是，人们慢慢摸索，最终发明了打井的技术。打井技术的发明，让人们不再完全依赖大自然的降水和江河、湖泊的流水，极大地促进了人类社会的发展。

打井技术的发明让古代人们可以生活在远离河流、湖泊的地方。人们终于解决了饮水的问题，还解决了农田灌溉的问题。不过，在原始社会，打井是一门非常困难的技术。在那个时候，打一口水井大概和现代人打一口石油井一样困难呢。

原始的人类能够学会打井，是和他们生活中的泉水密不可分的。泉水的存在让人们意识到在黑暗的地下还储藏着丰富的水源。可以说，泉水是促进人类社会发展的一大功臣。

五花八门的泉水

给泉水进行分类，有助于我们更好地认识和了解泉水。在地质科学上，给泉水分类可以按照泉水形成的原因、泉水温度、泉水的化学成分、泉水的功能、泉水的水源、泉水的酸碱程度、泉水的流出特点等等特征来划分。举个例子来说，泉水按照水温可以划分为冷泉和温泉两种。

冷泉的特点是水质清澈、甘甜，常常被用作饮用和酿酒的水源。在我国的历史上，镇江的中泠泉，北京的玉泉、济南的趵突泉和庐山谷帘泉都曾经被称为"天下第一泉"。此外，还有很多冷泉也非常有名。

知识链接

著名的泉水按照本身作用的不同分为三种：观赏泉，品茗泉和沐浴泉。

观赏泉，指的是那些因为自身景观出众而成名的泉水。有的观赏泉本身就是大自然的奇迹，或者平静秀丽，或者造型独特。有的观赏泉旁边伴随着许多历史人文景观，这些泉水也因为周围浓郁的人文风情而出名。我国著名的观赏泉数量众多，数不胜数，趵突泉、玉泉、中泠泉、惠山泉……个个都是鼎鼎大名。

品茗泉，这个名字似乎不好懂。"茗"是香茶的意思，所以品茗泉就是和茶文化有着千丝万缕联系的泉水。中国是世界茶文化的发源地，茶文化不仅仅要求茶叶好，对泡茶用的水也有非常苛刻的要求。许多泉水正是因为水质香甜，或者临近名茶的生产区，而变得赫赫有名。比如杭州的虎跑泉，就是因为它的泉水和著名的龙井茶叶能够一起泡出香醇的龙井茶才享誉中外的。

沐浴泉，顾名思义，就是能够"洗澡"的泉水。泉水对洗澡有什么特别之处呢？这里面讲究就大了。不是所有的泉水都能用来洗澡的，有名的沐浴泉基本都是我们前面介绍过的矿泉或者温泉。这些特殊的泉水里面包含着对人体有益的矿物质，能够祛除人们身体上的疲劳，还能治疗一些慢性的疾病。所以，有这些特殊效果的矿泉和温泉非常受人欢迎。我国也形成许多的沐浴泉疗养胜地。

温泉的水温需要在25℃以上。按照水温从低到高，温泉又分为微温泉（水温25～33℃）、温泉（水温34～37℃）、热泉（水温38～42℃）、高热泉（水温高于43℃）。其中水温较高的热泉和高热泉也被形象地称为"汤"。水温再高一些，甚至超过当地沸点的泉水被称为"沸泉"。温泉中一般都含有大量的矿物质成分或者气体，这些矿物质和比较高的水温都能够影响人体的生理情况。温泉和含有大量矿物质的冷泉又被人们称为"矿泉"。

我国原有的和新开发的温泉和矿泉数量众多。比较著名的有北京的小汤山温泉、西安的骊山温泉、云南的安宁温泉、广东的从化温泉、台湾的阳明山温泉等等。著名的黑龙江省"五大连池药泉"，则是因为泉水能够治疗一些慢性疾病，成为许多人恢复健康的首选地。

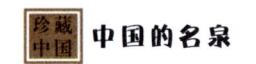

泉水的分布

我们的祖国幅员辽阔，资源丰富，大大小小的泉水在地图上星罗棋布，不可计数。大体而言，我国东部和南部地区的泉水数量比较多，因为这些地方降水丰富，地下岩石的结构也比较适合地下水的生存。丰富的地下水慢慢地形成了众多的泉水，滋养着人们的生活，美化着世界。

不同地区的泉水，在水量上有很大差别。我国西南地区地下有很多石灰岩，石灰岩受到水的冲刷和侵蚀，形成了许多石灰洞，地下水在这些洞里面汇集成了汹涌的地下河。当这些地下河钻出地面的时候，就形成了水量丰富的泉水。不过，这些泉水的水量受降水的影响比较大，当旱季来临的时候，许多泉水就会藏到地下，直到雨季来临的时候后才重新出现在人们眼前。

北方地区和东北地区的泉水数量也很多，不过因为这些地方的地下水比较稳定，不像西南地区的地下水那样"喜怒无常"，所以这些地方的泉水也就比较稳定，水量常年保持一致。在山西的太行山上，娘子关附近的泉水总面积达到了四千多平方千米。在山东的济南，就有泉水一百多处。这些泉水虽然水量不是特别大，但是因为稳定，所以很受人们的欢迎。

我国的西北地区有很多高大巍峨的山脉，比如祁连山、昆仑山、天山等等。这些山脉当中藏着非常多的泉水，因为这些大山有许多的缝隙，能够把每年为数不多的降水都藏起来并且过滤一遍，所以这些泉水的水质非常清澈甘甜。此外，在其他的一些山区，比如秦岭山区，江西、福建的山区，也都有很多大大小小的泉水。这些泉水的水量有限，但是水流比较快，水质好，所以当地人非常喜爱这些美丽的山泉。

我国还拥有着十分丰富的温泉和矿

知识链接

温泉中有很多矿泉，冷泉中也有一些矿泉存在。这些泉水被称为"冷矿泉"。我国的冷矿泉主要分布在东北地区、内蒙古自治区以及青海省东部。除此之外，甘肃省、台湾省也有冷矿泉的踪影。这些泉水中都含有许多特殊的矿物质，发挥着各自不同的用途。

泉资源。总体而言，我国的温泉主要分布在云贵高原、青藏高原以及东南沿海地区。高原地区的温泉，泉水温度要比内地的泉水温度高出许多。广东、福建、台湾三省的温泉加起来就有五百多处，水温大多在50～60℃。其中，台湾的屏东温泉水温高达140℃，这比普通的沸水温度还要高出40℃。

　　云南省的温泉分布非常集中，总计有四百八十处左右。青藏高原上也有众多的温泉点缀，许多温泉的水温达到或者超过了当地水的沸点。著名的羊八井温泉，水温高达91℃，而当地水的沸点仅仅才有80℃。四川省也有两百多处温泉资源。此外，湖南省、江西省等也各自拥有几十处温泉。北方地区也有不少温泉点缀在大地上，方便着人们的生活。

珍藏中国 中国的名泉

二

中国十大名泉

趵突泉

趵突泉档案

山东省省会济南市号称"泉城",城内有大小泉水一百多处。其中,趵突泉是最负盛名的一眼名泉。

趵突泉坐落在济南市的趵突泉公园内,这座公园始建于1956年,是一座具有南、北方园林特色的,充满了历史人文气息的优美公园。

趵突泉是趵突泉公园内最主要的风景。趵突泉泉水东西长30米,南北宽20米,三股泉水从地下涌出,水质清澈。泉水周围是石砌的栏杆和台阶,游人可以在栏杆旁边近距离欣赏泉水涌出的美景。趵突泉边立着一块石碑,上面题有"第一泉"三个大字,字的颜色是墨绿色。这三个字是清朝同治年间居住在济南的亲王——历城王钟霖所题。

在趵突泉附近,还散布着金线泉、漱玉泉、洗钵泉、柳絮泉、皇华泉、杜康泉、白龙泉等三十多眼名泉,它们共同形成了趵突泉泉群,一起为"泉城"的名字增光添彩。其中的漱玉泉和宋代女词人李清照有着不小的关系。李清照的故居就在漱玉泉边。现在,漱玉泉北面坐落的李清照纪念堂,

▲趵突泉三窟涌动

中国的名泉

正是为纪念这位著名的女词人而修建的。

趵突泉公园的南大门也是一道独特的风景。大门布置得富丽堂皇、雍容华贵，大门上的横匾是蓝色的，上面有金色的三个大字——"趵突泉"，这是清朝的乾隆皇帝的亲笔题写的，有人把这道门誉为中国园林的"第一门"一点也不为过。

> **知识链接**
>
> 趵突泉的"趵突"，是跳跃奔腾的意思。这两个字形象地说明了趵突泉水奔流不息的特征。趵突泉一共有三股水，昼夜喷涌，水量最大的时候可以向上喷出几尺高。每当水流喷出的时候，水面上就会发出"扑嘟"、"扑嘟"的声音，据说趵突泉最早就叫扑嘟泉，非常形象，而"趵突"这个名字还是后人改的。当年康熙皇帝到济南游玩，看到趵突泉以后，非常高兴，亲笔题写了"激湍"两个字，并把趵突泉称为"天下第一泉"。

追根溯源

济南以"泉城"而闻名，泉水之多可算是全国之最，趵突泉正是名泉中的佼佼者。济南的泉水这么多主要和济南的地形结构有关系。

济南市的南面是一片山区，名叫千佛山；市区北面是平原，而济南市正好坐落在山区和平原的交界线上。南侧千佛山的主要成分是石灰岩，北侧平原下方的主要成分则是岩浆岩。山区的石灰岩大约是在4亿年前形成的，它以大约30°的斜度由南向北倾斜。石灰岩本身不是很紧密，岩石之间和岩石内部都有很多空隙、裂隙和洞穴，这些地方非常适合地下水居住和流淌。地下水顺着石灰岩层的倾斜，大量地流向济南，成了济南泉水的水源。当这些地下水流到济南市北边的时候，平原下的岩浆岩挡住了他们。这些岩浆岩组织很紧密，脾气也很倔强，不允许地下水从它们周围经过。所以地下水只好停留在半路上。而这些顽固的岩浆岩头顶上又覆盖着一层不透水的黏土层，地下水也没办法自由地流出地面去呼吸新鲜空气。于是，这些被拦阻的地下水只好聚集在一起，凭着自身强大的压力从地下的一些裂隙中涌上地面，从而给自己找到一条出路。这些地下裂缝的出口就形成了济南市著名的泉水群，而趵突泉是其中最著名的一个。

我们现在可以用科学知识来解释趵突泉的成因。可是，在古代科技还不是很发达的时候，人们还不能解释这么新奇的事情。于是，人们创造出了许多关于趵突泉的传说，试图说明这眼神奇的泉水是从何而来。

据说在很早以前，济南东边住着一位姓封的解元（古代科举考试考举人时的第一名），他很想升官，可就是当不上。有一年清明节，他坐着轿子，带着祭品，回原籍祭祖。半路上在一个旅馆里住宿，他觉得很累，坐在椅子上闭着眼休息。在朦胧中，封解元走进一个大花园，园内亭台楼阁相连，青松翠柏遍地。不知不觉，他走到了一座四合院前。只见从里边走出两位年轻的官员，他一个也不认识。两官员把他让进大客厅。他抬头一看，客厅上悬着一块匾，上面写着"天游一阁"四个大金字，他也不知道是什么意思。封解元站起来看看，客厅东间里摆着许多乌纱帽和蟒袍，都是文官穿戴的衣物。西间里放的尽是头盔铠甲和武官戴的衣物。他很奇怪，就问："这些衣帽都是给什么人预备的？"一个官员用手一指对面的粉壁墙："你看那个地方……"这时墙上出现了一片池水和几棵垂柳。他看着眼熟，又想不起来究竟是什么地方。这时那个官员说："这片水将来会出很多文武大官。"

店小二送饭来时，封解元惊醒了，才知道刚才做了一个梦。等回到家里之后，他每次想起这个梦来，心里都是酸溜溜的："那些蟒袍、盔甲要是能让我穿上一件该多好啊！"

一天，封解元又出来游玩。到了历山（在现在的济南城内）的西北脚下，他忽然看见了一片池水、几棵垂柳，和他梦中见到的景物一模一样。封解元惊呆了，心里想：这里要出许多文武大官，离我家又不算远，我这个解元和他们比就显得太小了，有了他们谁还看得起我？不行，我得把它破了。他知道这个地方所以能出文武大官，关键就在这片水上，他雇了许多人，推来沙石、黄土把池子填平了。

池子被填平了，池底却"嗡嗡嗡"地响。三天以后，上面的沙石被冲开，从地下冲出三股水，"扑嘟扑嘟"向外直冒，任谁再也堵不住。因为水向外冒的时候，"扑嘟"的响，人们就把这眼泉水称坐"扑嘟泉"。再后来，有个文官嫌"扑嘟"两个字太粗俗了，就把"扑嘟"两字改成了"趵突"，这就是今天的"趵突泉"了。

趵突泉边揽景

趵突泉不仅本身风光独特，在它的周围还环绕着许多名胜古迹。这些名胜古迹衬托着趵突泉，让这儿的风景有了更多人文的气息。

趵突泉周围，当属泺源堂、娥英祠、望鹤亭、观澜亭、尚志堂、李清照纪念堂、沧园、白雪楼、万竹园、李苦禅纪念馆、王雪涛纪念馆等景观最为人称道。各朝各代的大诗人大文豪，如宋代的苏轼，曾巩，金元时期的元好问、赵孟頫、张养浩，明代的王守仁、王士祯，清代的蒲松龄，直到现代的

▲ 趵突泉泺源堂

何绍基、郭沫若等人，都为趵突泉及其周围的名胜古迹吟咏过诗词作品。这些美丽的诗篇四处流传，趵突泉的美名也随之散播到了五湖四海。

趵突泉北面的泺源堂，是一组包括了三间建筑的建筑群，三间两层，坐北朝南，建在同一中轴线上，泺源堂坐落在古代娥姜祠的旧址。娥姜祠原来祭祀的是古代华夏民族的领袖大舜的妻子——娥皇和女英。大约在金代或者元代以后，这里改成了吕祖庙，用来供奉着宋代以后逐渐在民间流行的道教新神吕洞宾（"八仙"之一）。北宋熙宁年间（1072年~1073年），著名的文学家曾巩在泺水修建了两座厅堂，南堂修建在泺水源头的边上，故称"泺源堂"；北堂位于历山南面，名为"历山堂"。后来，金代元好问把"泺源"、"历山"二堂同样改成了"吕公祠"，用来祭祀吕洞宾。到明朝的时候，管理盐运的官员张奎光、济南知府樊时英、历城县令吕黄钟等人一起把祠堂改成了亭阁，并且恢复了这里的原名"泺源堂"，此后，这个名字一直沿用到了今天。

> **知识链接**
>
> 趵突泉的东北方向上坐落着尚志堂。这里本来是尚志书院的一个院落。尚志书院，清朝同治八年（1869年）由山东巡抚丁宝桢创办。在这里学习的学生除了学习传统的儒学外，还学习天文、地舆（地理）、算数（数学）等科目。尚书堂曾刊刻大量古代书籍，这些书籍被称为尚志堂版，在国内享有盛誉。

趵突泉的西侧有一座观澜亭，原是北宋朝熙宁年间的史学家刘诏庭院内的建筑物，本名"槛泉亭"。明朝天顺五年（1641年），钦差内监韦、吴两人来到济南，在趵突泉旁边修建了小亭（还有人说这座小亭是为山东的巡抚胡缵宗所建造的），命名为"观澜"亭。形式和规格十分考究，所以一直被历代文人称颂。

柳絮泉是济南"七十二名泉"之一，它在古代的许多记载中都曾经出现过。柳絮泉位于趵突泉公园内李清照纪念堂的南边，漱玉泉东侧，属于"趵突泉泉群"。据济南当地的地方志记载："柳絮泉，在今线泉东南角，泉沫纷繁，如絮飞舞。"泉水因为水中的泡沫和春天的柳絮一般随风飞舞而得名

"柳絮"。从前，柳絮泉四周垂柳成荫。春天的时候，岸上柳絮扬扬飞舞，水中泉沫翻动相随，泉水与垂柳相映成趣，令人陶醉。明晏璧曾赋诗曰："金线池边杨柳青，泉分石窦晓泠泠。东风三月飘香絮，一夜随波化绿萍。"正是对此景色的赞咏。柳絮泉如今的泉池是在1956年新砌而成的，泉池呈长方形，长3.5米，宽2.3米，深1.5米，泉边柳树成荫，池水清澈见底，长流不竭，水中游鱼可数。夏日乘凉观景，令人感觉美不胜收。

老金线泉位于趵突泉东北侧，尚志堂与鱼展馆之间。泉池呈长方形，长12米，宽6米。由于水面有一条游移飘动的水线波纹，在阳光的照射下，宛如一条金光闪闪的金线浮于水面，故而得名。宋人吴曾在《能改斋漫录》中作了极为生动的描述："石甃方池，广袤丈余，泉乱发其下，东注城壕中。澄澈见底，池心南北有金线一道隐起水面，以油滴一隅，则线纹远去。或以杖乱之，则线辄不见，水止如故，天阴亦不见。"明清时期，人们还能清晰地看到金线，后来，因为改建泉池，泉水的基础遭到破坏，水面也随之缩小，水势减弱，金线于是从此消失了。1956年，趵突泉公园扩建时，在原来的金线泉东边约20米处的一个石砌雕刻的小池中，又一次出现了金线。于是，人们便将这眼小泉称为"金线泉"，并将清朝同治九年（1870年）江苏吴兴人丁彦臣题写的"金线泉"三字石刻移到新的金线泉的东壁上。原来的金线泉，则被改称"老金线泉"，由济南书法家李仲余先生重新写了"老金线泉"四个字，雕刻在岸边。

前面提到过的漱玉泉也是济南"七十二名泉"之一。位于趵突泉公园李清照纪念堂南侧，属于趵突泉泉群。漱玉泉泉池呈长方形，池长4.8米，宽3.1米，深2米，四周用汉白玉栏杆围住。泉水自南面的溢水口汩汩流出，层叠而下，漫石穿隙，淙淙有声，注入螺丝泉池中。明代诗人晏璧曾有"泉流此间瀑飞经琼，静日如闻漱玉声"的赞语。相传宋代著名女词人李清照的传世之作《漱玉集》就是以此泉命名的。

趵突泉公园的美景数不胜数，人们相传"游济南不游趵突，不曾游也"。趵突泉公园被评为全国十大优秀园林、全国"十佳"公园和国家4A级景区，还是首批国家重点公园。

名称拾趣

早年间，趵突泉的名称非常繁杂，有人认为这里是泺水的源头就便称其为"泺"，元代的赵孟頫曾在《趵突泉》一诗中写道："泺水发源天下无，平地涌出白玉壶。"后来，百姓看三道泉喷发的壮盛景观，又称之为"三股水"或"瀑流"。北魏时期人们对三股泉水威猛喷发的气势生发了猛虎出闸、壮士出击的联想，于是"槛泉"之名广为流传。直至北宋，曾巩以其卓异才思为这眼名泉起了现在四海传扬的名字——趵突泉。"趵"是跳跃的意思，"突"是突出的样子，"趵突"二字传神地表达了泉水日夜喷涌跳跃而出的景象。

关于这个名字，民间还流传着版本多样的传说。

在很久以前，济南

▲神奇的玉壶

城里有个名叫鲍全的樵夫，天天辛勤砍柴，却还是养活不了年迈的双亲。有一次双亲突然得了重病，没钱请大夫，鲍全只好眼看着父母相继去世而无能为力。从此，伤心的鲍全就立下了志向，向一个和尚学医。几年中，鲍全救活了许多老百姓。

那时的济南还没有泉水，遇上旱年，甚至连煎药的水也没有，鲍全只好每天早起去担水，为那些买不起水的穷人煎药。一天，鲍全在担水的路上救了一位老者，并拜这位老者为干爹。干爹看鲍全一天到晚为穷人治病，忙得连饭也没空吃，就说："泰山上有个黑龙潭，潭里的水专治瘟疫，你要能挑一担潭水回来，每个病人只要滴到鼻里一滴，就能消除百病。"于是给了他一根拐杖作为信物，便让他上路了。鲍全拿着干爹给的拐杖，历尽千辛万苦，终于来到了泰山黑龙潭，却发现这里原来是龙宫，干爹是龙王的哥哥。龙王了解了事情缘由，就让鲍全自己挑一件礼物带回去，鲍全就挑了一个里面的水永远也喝不完的白玉壶。鲍全回到济南城后，治好了很多人的病。城里的官员听说有这样一个宝贝，就派人来抢白玉壶。鲍全把壶埋在了院子里，还是被发现了。可是来抢东西的公差虽然发现了宝贝，却怎么也搬不动，他们试了一次又一次，突然，只听"咕咚"一声，从平地"呼"地窜出一股大水，溅起的水花撒满全城，水珠落在哪里，哪里便出现一眼泉水，从此济南变成了有名的泉城。而这些来抢东西的坏人，都被突然冒出的泉水吞没了。鲍全也随着宝壶失踪了。

后来，人们为了纪念鲍全，就把第一眼泉水称作宝泉。很多年后，人们根据泉水咕嘟咕嘟向外冒的样子，又把它叫成"趵突泉"了。

千百年来，关于趵突泉的传说、诗词、书法从来没有中断过。在泉边生活的人换了一代又一代，趵突泉的美景却和人们留下的故事一起，变成了济南城最美丽的回忆。

趵突泉边奇事

据说很久以前，在趵突泉边上住着一户人家，家里有个七八岁的小男孩，他在水里游泳能睁着眼，水里有什么东西都能看得见。

这天，他又在趵突泉游泳，他一直不停地游着，突然在水底发现了三间庙宇。中间的庙宇里面放着一张大方桌、两把椅子，桌子上放着个盘子，盘子里放着个金光闪闪、光彩夺目的大珍珠。而东边的房间里面睡着个十七八岁的大姑娘。这个小男孩非常喜爱这颗明亮的大珠子，就悄悄把它拿了出来，游出了水面。

这个事情传到了历城县县官的耳朵里，县官就派人传唤这个小男孩和他父母，还让他们带上那颗珠子一齐去。县官问明珠子的来源后考虑了一番，就让这个小男孩把珠子送回原处，还让他看看那个大姑娘是否还是原来的样子。县官还说："回来我有赏，不去可不行，非去不可。"又吓唬小男孩说："不把珠子放到原处，就剁手，割耳朵，还要杀头。"小男孩害怕，只好去了。

小男孩抱着那颗明亮的大珠子回到了水底下。刚走到庙宇的院中，就看见一个披头散发，锯齿獠牙，非常凶恶的鬼走到了门口，打算出门。小男孩吓得魂不附体，周身发抖，真想回去，可他又想到县官说非送到原处，否则杀头剁手。于是小男孩只好咬着牙，硬着头皮，向前摸索了过去。那个水鬼一见小男孩拿着那颗明亮的大珠子向她走来，也是吓得周身发抖，边抖边向后退，一直退到东边的房间，躲在床上变成了原来大姑娘的样子。小男孩赶快把那颗珠子放回到原处，就游出了水面。他见到县官时，还吓得发抖，并把他所见的一切情况都向县官说了。

县官认定床上的那个大姑娘一定是个水鬼，那颗珠子肯定是镇压那个水鬼用的。想到这里，县官就动员小孩的父母把小孩留在县衙。并说如果不这样做的话，这小孩可能会把珠子再拿出来，到时候水鬼就会兴风作浪，济南以及下游县城就要被水淹，许多人就要流离失所，甚至失去性命。小孩的父母舍不得自己的孩子，可是抵不过县官，只好勉强把小男孩留了下来。后来，小男孩的父母经常来看他，送吃送穿，小男孩的生活也不错，只是绝对不能外出。最终，小男孩老死在了县衙之内。

北京玉泉

玉泉档案

　　玉泉坐落在首都北京城外西郊的玉泉山东麓。如果你有机会去著名的颐和园参观游玩，就能看到不远处的玉泉山上波光山色，塔影泉踪。由于泉水清澈碧绿，如同上等美玉，这眼山泉被人们形象地称为"玉泉"。

　　玉泉的泉水从玉泉山上的山石之间喷涌而出，水声悦耳，水流清澈。据说，古代的玉泉泉口有一块大石头，上面雕刻着"玉泉"两个字。玉泉水从大石前面流过，如果一块倾斜着的美玉，又如同一条碧绿的长虹点缀山间。12世纪末，当时统治北方的金朝皇帝金章宗完颜景看到玉泉之后，把玉泉纳入"燕京（当时北京名为燕京）八景"，定名为"玉泉垂虹"。后来，不知道在什么时候，大石碎了，泉口只剩下一片碎石。到了清朝，康熙皇帝在玉泉山南侧修建了一座皇家园林——静明园，玉泉也被包含在了园林之内。

　　从清朝初年开始，玉泉就成为皇宫用水的专门来源。玉泉水滋养了紫禁城三百多年。

　　传说，当年乾隆为了验证玉泉的水质，就让太监特制了一个银质的量斗，用来秤量全国各处送进北京的名泉水样，其结果是：北京玉泉水每银斗重一两，最轻；济南珍珠泉水重一两二钱；镇江中泠泉水重一两三钱；无锡惠山泉、杭州虎跑泉水均为一两四钱。乾隆皇帝认为，评判泉水质量好坏的关键是水的轻重。玉泉水最轻，所含的"杂质"最少，水就最清，质量最好，长期饮用才能驱除疾病，延年益寿。于是，乾隆在玉泉泉口的破碎石碑旁边，刻下了一篇《玉泉山天下第一泉记》："……则凡出于山下而有冽者，诚无过京师之玉泉。故定为天下第一泉。"玉泉被乾隆皇帝正式命名为"天下第一泉。"

▲北京玉泉山，乾隆御题碑"天下第一泉"

玉泉边揽景

　　玉泉山风景秀丽，泉水清澈，翠绿如同碧玉。玉泉所在的山因为它的存在而得名玉泉山。玉泉山位于颐和园以西3000米。这座山由六座山峰组成，南北延伸，是北京重要的山脉之一——西山（东侧）的支脉。玉泉就位于玉泉山的南侧。

　　由于玉泉倚山面水，距离都城北京又很近，自古以来就成为历代统治者的度假胜地。金代的金章宗在玉泉山建立了行宫。明清以来，皇帝们也经常来这里避暑消夏。十三世纪末，元世祖忽必烈在山上修建了昭化寺。明英宗的时候，山上又修建了华严寺。康熙时期，山上的行宫和寺庙都得到了扩建和维修。后来，这片园林被改造成了静明园的一部分，扬名海内外。

　　静明园内的楼、阁、亭、馆、佛寺、佛塔等建筑都是依山而筑，交融在泉壑、山岩、林木之间，秀丽和谐，是造园艺术的成功范例。在今天，玉泉山的风景以妙高峰的华藏塔、玉峰塔、裂帛湖、华严洞、玉龙洞、香岩寺、圣缘寺等为最著名。

　　玉泉山是封建帝王的御园，在封建时代，没有皇帝特别恩赐，即使是朝廷大臣，也不能入内。如今，这里也变成了北京和全国人民旅游休闲的胜地。社会的进步，总是能带给我们更多的美景。

▲玉泉山玉峰塔

珍藏中国 中国的名泉

▲玉泉山

玉泉边轶事

◆ 玉泉的传说

在北京的众多传说里面，就有和玉泉有关的故事。传说在很久很久以前，北京的大部分地方还是一片苦海，里面住了一个非常凶残的龙母。她把原来住在山下的百姓们赶到山上，而把山下的地盘全部分给了龙公、龙母、龙子、龙媳、龙孙等一大家子。老百姓都盼望着能有人来解救自己。这时，出现了一个身着红袄短裤衩的少年英雄，名叫哪吒。哪吒打败了恶龙一家子，还把龙公和龙母抓了起来，命令他们住到西山附近的一处海眼中。哪吒还在海上砌了一座白塔，让恶龙一家一辈子不能翻身。后来，苦海中的苦水也退下去了，北京变成了一片陆地。

被哪吒打败的龙子龙孙们不甘心呆在西山附近的海眼里，他们等待着机会捣乱逞凶。有一天，龙公听说要盖北京城，气得龙鳞直翻。于是，龙公带领一家人乔装打扮成赶集的老百姓，混进了正在修建的北京城。龙子直奔北京城内的甜泉水、龙女占领了北京城内的苦泉。他们把所有泉水全都喝进肚里，然后变成了两只鱼鳞水篓。龙公、龙母把这两个水篓装到一辆独轮车上，推着逃回了西郊。主持修建京城的官员听说龙公一家偷走了北京泉水，气得够呛。可是，谁也不敢去西山找恶龙一家子要回泉水。这时，一位名叫亮亮的工匠挺身而出，请命前去追回泉水。主事的官员看他气势不凡，就同意了他的请求，并且送给了他一支锋利无比的红缨枪，叮嘱说："你追上恶龙一家后，一定要尽快刺穿那两只鱼鳞水篓，这样才能把所有的泉水都解放出来。"

亮亮英雄气盛，武功又非同一般，很快就追到西郊的玉泉山。龙公龙母被他的气势吓住了，一时间不知怎么办才好。亮亮冲到了独轮车旁边，一枪就刺穿了龙女变成的苦泉水篓，苦水"哗"的一声流到地上。这时，追随着亮亮的百姓们也赶到了。大伙儿齐心协力，共同战斗，终于围住了龙公。龙公不愿意投降，结果被杀掉了。龙子怕死要活命，只好乖乖地把甜泉水吐了出来，还给北京城。从此，玉泉山下便有了一眼源源不竭的甜泉水，这眼泉水就是碧绿如玉的玉泉，这座山从此也被称为玉泉山。

玉泉的水量大而稳定，曾是从金代到清朝几百年间北京城内的河流湖泊水系的主要水源。著名的元代水利专家郭守敬曾经引下玉泉等十一处泉水，凿成了大运河的支流——通惠河，便利了交通运输，更对大都的建设发挥了积极的作用。明朝从第二个皇帝——永乐皇帝迁都到北京以后，就把玉泉定成了皇宫之内饮用水的水源地，这一做法被清朝继承，延续了五百多年。

玉泉被选作宫廷用水除了因为它的水质优秀之外，还有一个极其重要的因素：那就是玉泉一年四季水量稳定，从不干涸。玉泉水为什么水质极佳而又水量丰富呢？因为玉泉周围有着很好的地理条件来帮助玉泉补充水源。

玉泉的补给源主要是大气降水和永定河水。这里的地层比较松散，地层里面可溶解的杂质也很少，这都保证了玉泉水既充沛，又甘甜。但是，近年来由于人们不断扩大对玉泉周围地下水的开采，这一区域的地下水水位不断下降，玉泉的涌水量出现了逐年减少的情况，甚至还出现罕见的断流现象。因此，我们必须更好地保护玉泉山地区的水资源，这样才能恢复玉泉的历史风韵和天然姿色。

知识链接

玉泉被皇宫选为饮用水源，主要有两大原因。一是玉泉水清澈透亮，水中的杂质很少，泉水温度适中，水的味道甜美。同时玉泉距离皇城不远，泉水运输起来十分方便。20世纪80年代，人们用先进的检测方法对玉泉水进行了分析鉴定，结果也表明这里的水确实是一种极为理想的饮用水源。

由于水质甘甜，水中的杂质又少，玉泉水非常适于煮茶、酿酒。乾隆皇帝就说："茶圣陆羽对南方的泉水非常熟悉，也对它们进行了很好的评价。可是陆羽从来没有到过北京，没有品尝过玉泉水，这不能不说是他的一大遗憾了。"用玉泉水酿制的白酒，也是北京非常有名的特产。

不光是玉泉需要保护。历史上，北京城内外有很多美丽的泉眼。随着城市的发展，不少泉水干涸了，只留下了一个名字供人们回忆。我们从小就应该在心里树立起保护环境，保护水资源的意识。这样，我们才能保护好身边的美景，让更多的人能欣赏它们。

◆玉泉源头的传说

关于玉泉，北京还流传着许许多多神奇的传说。

古时候，玉泉山下有一个洼窑村，村边有一个大洼

中国十大名泉

坑。这个大洼坑里有一块棕红色的火石头，像一块木头似的，总在水面上漂浮着，天气干旱，水面下落，它也跟着落；进入雨季，水面上涨，它也跟着

▲玉碗

涨；人们就叫它"水漂石"。可是，谁也捞不到这块水漂石，每当有人想去打捞它，走到跟前的时候，就会发现这块石头神奇地失踪了。

有一年，从南方来了一位年过花甲的老人，白头发、白眉毛、白胡子，他自称是"三白老人"。这位老人经常在洼窑村的大洼坑边转悠，瞅着水漂石摇头、搓手。有人说，他是专门到北京西郊这块宝地来探宝的。一天，老人病倒在洼窑村的街口，口吐白沫，鼻孔流血，好像得了不治之症。村里有个赵玉泉老汉，打渔回来遇到了三白老人。赵玉泉见他病得不能动弹了，就把老人背回自己家里，让他在炕上躺好，又熬了一碗香喷喷小粳米粥，喂他喝了。

说来也真怪，不知道老人压根儿就没得病，还是这碗粥比药都灵，反正三白老人竟然翻身下炕了。他对赵玉泉老汉说："你真是个心善的人，我如实告诉你吧，我来自南海普陀山，到北方是来探宝的，大洼坑里的水漂石就是我要找的宝物。水漂石里有一汪清水，这是天宫仙露凝结成的，能够医治百病，解救危难。要想得到它也不难，只要等到老牛到你家房上吃草的时候，你就能把那块水漂石捞回来。"说完，三白老人合掌告别赵老汉，回南方去了。

几年之后的夏天，洼窑村的连阴雨下了十几天。赵玉泉老汉的两间破土房也给泡塌了。老两口没办法，只好在山根底下掏了一间窑洞，暂时安身。等到雨过天晴，赵老汉提起渔网，准备到大洼坑去打鱼。回头一看，从山坡上走下来一头老牛，在窑洞上边吃起青草来。赵玉泉老汉猛然想起三白老人说的话，就收起渔网，到大洼坑去捞水漂石。

赵老汉下了水。说也奇怪，平时消失不见的水漂石静静地停在他的面前。赵老汉抱起水漂石就上了岸。这块红石头轻得像木头，软得像冬瓜。老汉回家用刀把它切开，发现石头正中心有一只玉碗，碗里盛着一汪清水。闻一闻，喷鼻香，尝一尝，甜津津。更神奇的是，这汪水舀一勺涨一勺，总也喝不完。老两口高兴得不得了，就把水漂石和玉碗藏了起来。

后来，赵老汉就用石头里的水给村里人治病，许多人喝了这种水后，身上的病神奇地好了。村里人都非常感谢赵老汉，还把这种水称作"神水"。

这件神奇的事一传十、十传百，就传到了县官耳朵里。县官要出高价购买这只玉碗，可是赵老汉说，就是搬来金山银山也不卖！县官发怒了，下令限三天之内交出玉碗，如若不交，就派兵抢宝，满门抄斩！命令传到洼窑村，街坊四邻劝老汉不如交出玉碗，免得遭一场大祸。赵玉泉老汉铁了心，他说："不用说他一个小小的县官，就是玉皇大帝、太上老君的旨意，我也不从！脑袋掉了不过碗大的疤！"当天晚上，他把玉碗埋藏在山根底下，自己到南海普陀山找三白老人去了。

到三天头上，县官带人来抄家抢碗，扑了个空，只好返回了县衙。

自从赵玉泉老汉逃到南方以后，山根那儿埋玉碗的地方就慢慢流出一股清泉来。这清泉细水长流，终年不断。清凉凉甜丝丝，非常好喝。更让人奇怪的是，这泉水穷人喝了又香又甜，富人喝了又苦又涩。洼窑村的人为了纪念赵玉泉老汉，就把这股泉水叫做玉泉，把这座山叫做玉泉山。他们还编了一段顺口溜："玉泉山水苦又甜，喝水别忘赵玉泉。穷人喝了甜不苦，富人喝了苦不甜。"

◆玉泉"垂虹"之传奇来历

从前的玉泉水源充沛，水流从雕龙口中喷射出来，很像雪花，因此又名"喷雪"。乾隆时，因为玉泉水流喷涌，类似济南的趵突泉，所以又把玉泉称赞为"玉泉趵突"。传说，这是因为玉泉山山上有"天罗"，山下有"地井"。

天罗也叫吕公庵，是吕洞宾在玉泉山上宴请客人的地方。人们相传每到夜晚，玉泉山上就有飞虹出现，像一张拦天的大网，专抓做坏事的坏东西。有一次，一条恶龙张牙舞爪从玉泉山前飞过，突然身子一沉，像是被什么东西挡住了去路一样。不管它怎么使劲，就是无法前进。恶龙仔细一看，原来是一条飞虹挡在前面。恶龙仗着自己会些妖法，怒目大吼，想拨弄云雨救自己脱身。可惜它越用力，那个大网收得越紧。恶龙就这样被天罗死死地抓住了。最后，吕洞宾剥下它的皮，贴在山上。从此之后，站在远处眺望玉泉山，就会隐约看到一条长龙的样子。传说在山下还有两个洞，一个叫华严洞，一个叫弋真洞，也是吕洞宾利用天罗关押妖龙的地方。

地井也叫双鱼井，位置在山下，此处的井水很甘甜。无论春夏秋冬，井里总是有两条鱼双双游荡。在传说中，它们曾经是一对恩爱的青年男女。

这对青年，原来都是北京城里的住户。小伙子家里很穷，一个人拉车，过着孤独的生活。后来，他还经常给人家送水，挣点小钱。姑娘家也很穷，靠卖大碗茶谋生。小伙子勤恳老实，每天干活累了就到姑娘的茶摊上喝茶。姑娘聪明热情，对小伙子很好。时间一长，两个人就渐渐有了感情。

可是，姑娘的爹爹老想攀高枝儿，就暗地里把闺女许配给了一个钱号的掌柜。等定好八月十五娶亲的时候，她爹知道瞒不过去了，就把这事告诉了姑娘，让她赶紧准备。姑娘一听就急了，埋怨爹爹说："您老人家怎么不早和我说啊，我已经有心仪的人了。"她爹一听，又急又气，冲着姑娘喊："你这个大胆的丫头，竟然私订终身，赶紧去退了那边，你必须嫁给钱号掌柜的。"

最后，不知怎么才好的姑娘去找小伙子。小伙子说："咱们跑吧！我有力气，以后可以养活你。"随后，他俩趁大家不备私奔了。姑娘的爹爹和钱号的掌柜发现他们不见了，又急又气，就到处去找。最后，有人在西直门外听说他俩经过了这里，于是所有人就从这儿追出了城。

跑累了的小伙子和姑娘以为安全了，就在路边林子里停下来休息，突然，他们看到远处有一群人追了过来，两人互相望了一眼，开始拼命地跑，一直跑到了玉泉山脚下。两人眼看前面没有路了，而后面的人也已经离得很近，而他们的身边只有一口井。姑娘和小伙子你看我，我看你，把心一横：死也要死在一起啊！就这样，他俩一咬牙，双双含泪跳进井里了。

人们追到这里时，怎么也找不到小伙子和姑娘，就掉头去别的地方追了。过了许久，水波平静后，只见井底水光闪动，越来越亮。慢慢地，从水底游上来两条金色鲤鱼。它们并排游了几圈后，又钻进水底了。

从此，这口井也就被叫做双鱼井了。因为所在的地方是玉泉山的最低处，所以人们也叫它地井。每当山上的天罗张开彩虹，地井也会闪动金光，山上山下遥相呼应，景色极美。后来，人们把这一美景称作"玉泉垂虹"，并把这一奇观列入了著名的"燕京八景"。

中泠泉

中泠泉档案

　　江苏省镇江市的中泠泉，又称"扬子江南零水"，人们还称呼它为"中零"、"中濡水"、"扬子江心水"、"扬子江心第一泉"等。泉水位于镇江市金山寺以西500米的石弹山下。据古书记载：长江水流到江苏丹徒县金山一带，分为了"三泠"：分别有"南泠"、"北泠"、"中泠"之称，其中以中泠泉的泉眼涌水最多。

　　自唐朝以来，达官贵人、文人学士都对中泠泉表示出了极大的兴趣。唐代的"茶圣"陆羽将中泠泉的泉水评定为天下第七；后唐名士刘伯刍把全国的水分为七等，扬子江的中泠泉排名第一。从此，中泠泉被誉为"天下第一泉"。历代文人写了很多诗篇来赞扬中泠泉。例如南宋民族英雄文天祥的咏泉诗称赞道："扬子江心第一泉，南金来北铸文渊，男儿斩却楼兰首，闲品茶经拜羽仙。"南宋诗人陆游也写诗赞扬中泠泉："铜瓶愁汲中濡水（即南零水），不见茶山九十翁。"清代书法家王仁堪为中泠泉书写了"天下第一泉"五个大字，至今这几个大字仍然能被我们看到。清代的张潮撰写了一篇《中泠泉记》，文中的内容翔实，文笔洒脱动人，是描写中泠泉的上佳作品之一。

　　中泠泉本来是一眼藏在长江江底的泉水，十分神奇。然而到清代后期，由于沧海桑田的变化，长江主河道北移，留下的南岸江滩的泥沙不断沉积，中泠泉居然变成了陆地上的泉水。

▲中泠泉

人们一度以为中泠泉已经消失，后来，在同治八年（1869年），薛书常等人重新发现了中泠泉，他们在泉边修建了小亭，还用石头将泉口围了起来。光绪年间，镇江知府王仁堪又在池周造起石栏，还在池边四十亩地的范围内种树栽花，抵挡江水对泉口的威胁。现在，镌刻在泉口南面石栏上的"天下第一泉"五个遒劲大字，就是王仁堪所写的。泉口形成的水池边建有亭子，供游人休息。池子北面还有一栋两层小楼，里面收纳了许多和中泠泉有关的文物、墨宝。

中泠泉水醇厚，甘甜，有一股特别的滋味。泉水用来煮茶，煮出来的味道清澈甘香，别具一格。历代喜爱品茶的人都十分推崇中泠泉水配合名茶煮出来的茶水。中泠泉水还有一种特质，就是把泉水倒进杯子里面，水面可以比杯子口高出半厘米。就算你放一个硬币到杯子里，硬币也不会沉下去。在物理上，这是泉水的"表面张力"在起作用。泉水就像吹出来的肥皂泡一样，表层会形成一个弯曲的面，这个面可以承受一定的压力。所以水位能比杯子口还要高呢。

中泠泉边揽景

江苏省镇江市，在古代被称为"京口"，是长江下游的咽喉。镇江以下，长江江面陡然开阔；镇江的三座名山——金山、焦山和北固山，风光如画，历来被游客们喜爱。其中的金山风景区位于镇江市区西北向，景点很多。金山还和许多历史传说以及神奇故事相关联，古人赞美金山，说它是"江南名胜之最"。我们要介绍的中泠泉，也在金山之中。

走进中泠泉景区，一座绿树荫蔽，幽静恬美的庭院展现在人们眼前。进门后，出现在左侧的是坐落在湖畔的芙蓉楼，与芙蓉楼相连的是位于湖中的三潭印月。而在陆地上与芙蓉楼相对的大方池，就是有名的中泠泉的泉口。方池南面的石栏上，篆刻着"天下第一泉"五个苍劲有力的大字。方池旁边修建有亭台楼阁，配合中泠泉的风景。南边的一座八角亭，十分宽敞，取名为"鉴亭"。"鉴"是镜子的意思，小亭起名叫做"鉴亭"，是拿泉水做镜子的意思。小亭中间安排着石头做的桌椅，供游人休息，十分雅致。

离开中泠泉,顺着东南方向的小路走，走完这段路就到了长江路，而金山就位于长江路路口的北侧。古代的金山是屹立于长江水流之中的一个岛屿，"万川东注，一岛中立"，金山与瓜洲、西津渡成掎角之势，一同扼守着长江南北来往的要道。长久以来，金山以"卒然天立镇中流，雄跨东南二百州"而闻名。从古到今，金山拥有过很多不一样的名称。后来，古人把扬子江（长江）比作香水海，把这座山比作佛经《华严经》里的七金山，所以就给它起名叫做金山。由于金山位于长江边上，风景区建筑风格独特，殿宇厅堂，亭台楼阁，全部依山而建，加上慈寿塔突兀地矗立在金山之巅，在长江中远远地眺望金山，只能看见寺庙而看不到山。"金山寺裹山，见寺，见塔，不见山"是对金山风景最恰当、最传神的评价。

在金山风景区中不仅有著名的金山寺，还有法海洞、白龙洞、天下第一泉、芙蓉楼、玉带桥等30余处景点和古迹。这里的每一处名胜古迹都有一段动人的神话和传说相伴，如"水漫金山寺"，"梁红玉击鼓抗金兵"，"岳飞金山寺详梦"等等，其中，被列为中国四大传说之一的"白蛇传"故事最为传奇。

▲金山寺大雄宝殿

走进金山寺的山门，迎面看到的是庄严雄浑的大雄宝殿。位于山脚的大雄宝殿，是重檐歇山式建筑。殿内装有两面巨大的圆形凸面镜，透过镜面能看到金山的全景。这座大雄宝殿曾在1948年毁于火灾。1990年重建后的大雄宝殿既保持了原有的建筑特色，又因为采用了钢筋混凝土结构而变得坚固庄严。殿内正中间供奉着释迦牟尼、阿弥陀佛和药师佛三尊塑像；两边有十八罗汉像；大佛背后是巨大的海岛塑像，三世佛、菩萨、护法诸天神隐现其间。海面上有十八尊者像，海岛观音独占鳌头，两侧侍立着善财、龙女。大殿正中悬挂着赵朴初先生题写的"大雄宝殿"金字匾额。

大雄宝殿两边都有石阶，顺着石阶就能登上慈寿塔。慈寿塔高约30米，砖木结构，有八个面，七层高。矗立在数重楼台殿宇之上的塔身似乎把金山拔高了许多。最早的慈寿塔建于南朝齐梁时期，原有两座，南北对立，后来双塔倒塌。宋朝哲宗元符年间（1098年—1100年）重建，变成了一座八角七层塔。明隆庆三年（1569年），明了禅师又一次重修高塔。而我们现在能看到的慈寿塔，则是清朝光绪二十六年（1900年）又一次修建的。

攀上塔顶，可极目远方。向东，长江滚滚西去，一泻千里；南瞻，都市繁华、长山层叠；西眺，江水相连，天涯无际；北瞰，瓜洲古渡，尽在云雾缥缈中。塔下不远处有一间凉亭，因为在亭中非常适合赏云望江，因此名为"留云亭"或"吞海亭"。亭内立有一块石碑，上面刻有康熙亲笔所写的"江天一览"四个大字，因此，这里又被称为"江天一览亭"，这座小亭内外是欣赏金山胜景，俯瞰镇江全貌的最佳所在。

金山在全国各地如此出名，还得感谢名闻四方的"白

知识链接

信步进入金山公园大门，顺着甬道不远就会来到金山寺的山门前。抬头仰望，能看到"江天禅寺"的匾额。这块牌匾是清朝康熙皇帝于1687年秋登临金山时所题写的。金山寺上接无尽的蓝天，下连滔滔的江水，江天一色，因此金山寺"江天禅寺"的名称沿用到了今天。（金山寺，自古就是一座中外闻名的禅宗古刹，始建于东晋年代，距今已有1500多年，初名泽心寺。南朝、唐朝初称为金山寺。寺宇规模宏大，全盛时有和尚3000多人，僧侣数以万计。清朝时，金山寺与普陀寺、文殊寺、大明寺并列为中国四大名庙）。

蛇传"故事。传说宋朝时候,有一条白蛇修炼成人,变成美丽善良的白娘子白素贞。白素贞嫁给了青年许仙,日子过得很甜美。不料,金山寺的法海和尚知道了这件事。为了破坏这段婚姻,他游说许仙出家,并把许仙藏在了金山寺之中。白娘子来到金山寺寻找自己的丈夫,法海不给,两人就打斗起来。白娘子施法术,霎时间大水滚滚,虾兵蟹将成群,一齐漫上金山去。法海慌了手脚,赶紧用袈裟化为长堤拦水。水不断上涨,大堤也不断升高。白娘子见不能获胜,只好和侍女青蛇收兵回去,一边修炼一边等待报仇的机会。后来,许仙逃出了金山寺,法海又用法术将白娘子压在了西湖的雷峰塔下。最终,青蛇用力击倒雷峰塔,并与白娘子一起把法海打得躲进螃蟹腹中。白娘子和许仙终于又恩爱地生活在一起。

每个来到金山游览的游人都会重温这段美丽的爱情故事。在美景中听着这段浪漫的往事,别有一番滋味在心头。

▲金山寺慈寿塔

中泠泉边轶事

◆江心泉缘何变作陆地泉

中泠泉自唐朝以来，就深受人们的喜爱。然而，沧海桑田，历史变迁，人们一直钟爱的中泠泉原本位于江心，现在怎么来到了陆地上呢？这在当地有一段动人的传说。

很久之前，大江中居住着一条长着三只眼睛的蛟龙，名叫三眼蛟。它与白蛇娘子同时修炼，结为道友。有一天，江水中突然出现一枝金钗，紧接着又出现一面绣着水波纹的令旗。三眼蛟一看就明白了：这是仙人命令它推波助澜的信号。于是，它立即呼唤虾兵蟹将推动江水。待水涨高后，三眼蛟露头一看，只见白蛇娘子和小青蛇正在与金山寺里的法海和尚恶斗。它忙派去一名虾兵探问情况。不一会儿，虾兵探得消息回报：原来白蛇娘子通过修炼，得到千年道行后，在天上受到了南极仙翁指点，下凡变成一个美丽的女子，并与书生许仙成婚。这一对天生伉俪本来生活得很幸福，谁知好事多磨，遭到法海和尚的破坏。许仙被骗到金山寺内遭到软禁。眼前的这场恶斗，正是白娘子和法海比拼法术，争夺许仙。

三眼蛟知道法海的底细。原来，在三眼蛟和白娘子修行时，法海不过是一只乌龟精。一天，他们三个都在江水中游玩，远远地听见了吕洞宾叫卖汤圆的声音。正好，一位小孩吃了汤圆入不了肚，只好张口把汤圆吐到江中。这个汤圆恰巧落进了白蛇嘴里。乌龟精知道汤圆是吕洞宾的仙丸，硬是要白蛇吐出来。已经吃进肚里的东西怎能吐出来呢！白蛇没有理它。从此以后，乌龟精恨死了白蛇娘子。它趁白蛇上天之后，也上了岸，爬到如来佛的佛座下面，偷听经文，等它修炼成了人，就来到镇江金山寺，当起了长老和尚。

三眼蛟获知真情后，决定帮助白蛇娘子救出她可怜的丈夫。它把大水推动得如和天上的云彩一样高，眼看滔天的波浪就要淹到金山寺门了。突然间，惊慌失措的法海和尚将披在身上的袈裟抓在了手里，往寺门外一遮。一道金光闪过，袈裟变成了一堵环寺的围堤，将大水拦在堤外了。奇怪的是，三眼蛟的大水涨高一尺，围堤也长高一尺；大水涨高一丈，围堤也涨高一丈，任凭三眼蛟施展浑身解数，大水就是漫不进围堤。为什么法海和尚的袈袈有这样的神力呢？原来，有一次如来佛讲经歇息，不觉瞌睡了起来。乌龟精趁机偷走了他三件宝物，其中之一就是这件袈裟。既然袈裟是西天如来的法物，自然是法力无边，三眼蛟无可奈何。这时，身怀六甲的白蛇娘子也退下阵来。白蛇娘子退阵，三眼蛟就给她断后。没想到这时得胜的法海和尚趁机追了上来，用锡杖将三眼蛟钩进了围堤。过了不久，白蛇娘子也被法海和尚用偷来的佛金钵关了起来，被镇压在杭州的雷峰塔下。被俘的三眼蛟悲愤至极，它那三只与肠胃相通的眼睛连同身子一起化成了三个喷水的泉眼。因为它中间的眼睛最大，悲愤的泪水也最多，喷出的泉水也就最大。因此，人们便将此处泉水称作中泠泉。中泠泉也便从江心泉变成陆地泉了。

当然，上面的传说毕竟只是传说，这和长江河道的变化有直接的关系。随着岁月的推移，长江主河道也在缓慢的变迁，到了清朝末年，长江泥沙淤积，原本位于长江当中的金山已经和南岸的陆地连成了一片，而金山的中泠泉也脱离了江水的包围，变成了陆地泉。

◆镇江三山传奇来历

金山和焦山、北固山一同被称为"三山"，关于这三山的来历，人们同样发挥了自己的想象力，创造了一个个美丽的传说。其中，小秦王的故事是非常有名的一个。

小秦王是一位"吃山填海"的创世英雄，他在与龙王、龙王三公主的斗争中，创造了美丽的世界——金山、焦山、北固山。

▲金口三山

传说当年孙猴子大闹天宫，金箍棒一下子变大，上顶天下顶地，结果不小心把西北角的天空捅了个洞，把东南角的陆地戳成了大海。后来，小秦王说："山多了，不生粮；水多了，也不长粮，不如就吃山填海吧！"古代有句

珍藏中国 中国的名泉

俗话说"山高水远",说的是在很久以前,山大多在西北方向,海都在东南方向。不过小秦王有根神鞭,叫吆山鞭,是个不可多得的宝贝。他把这吆山鞭举起来,使劲一抽,只听"叭"的一声,大山、小山、高山、矮山……都吓得跌跌爬爬,乖乖巧巧地跑了。

小秦王沿着长江吆山填海,把一座座青山,往东海里赶,不久,他就填起了一片陆地。海龙王一望,不得了,眼看这大海要给填平了,自己的鱼子虾孙,往后怎么生活呢?再这样填下去,恐怕连水晶宫也住不成了,他赶紧喊来三公主商议对策。

这天,小秦王又举着吆山鞭,把金山、焦山、北固山这三座小山从昆仑山上赶了下来。一路吆吆喝喝,转眼就赶到了镇江。

这时,天已经擦黑。小秦王吆了一天的山,汗流浃背,精疲力竭,他把

▲焦山胜境

二 中国十大名泉

吃山鞭往怀里一收,只见焦山停在江中心,北固山靠在江边上,金山蹲在最后,一个个都不走了。

小秦王抬头一看,江边上有座房子,门半掩着,他想敲门借宿。手刚举起,还没敲呢,只听"咯吱"一声,门自动打开了,从屋里走出一位俊俏美丽的年轻女子,脸上笑得像朵花。她说:"客家,屋里请坐。"小秦王一看这年轻女子蛮客气的,也觉着这里是客栈,就大大方方进屋了。年轻女子指着小秦王湿漉漉的衣服说:"啊呀!干什么事,累成了这个样子,多辛苦,快歇歇吧!"说着连忙打水递茶,十分殷勤。

小秦王本来倒不觉得疲倦,听她这么一说,倒真觉得好像需要休息了。这年轻女子话说得那么甜蜜,他心里不由得

▲慈寿塔

对她产生了好感。当晚两人谈得很是投机，越谈越有感情，互相都有了爱慕之心。小秦王也就忘记了吆山填海的大事，两人对着月亮跪下来立下山盟海誓，竟成了一见钟情的夫妻。

第二天太阳升起来了，小秦王手一摸，好像脸上有露水，眼一睁，自己没睡在屋里，却躺在江边的露天里哩。左边望望，右边看看，那俊俏的年轻女子早已不在了。原来，他和那女子做了一夜的"露水夫妻"。小秦王知道自己上当了。这时，他的脑子也清醒了许多。他想起自己还有吆山填海的大事呢。小秦王摸摸身边，总算还好，吆山鞭还在。于是他忙不迭地举起神鞭，继续吆山填海。怪了，原来鞭子一举，使劲一抽，"叭"的一声，不管什么大山、小山、高山、矮山……都吓得乖乖巧巧地直跑，可是这次不灵了，他连连抽了十七八下，手都抽酸了，抽肿了，焦山、北固山、金山还是纹丝不动。江里的鱼呀、虾呀，一个个都蹦得很高，虾儿躬着身子往前蹦，鱼儿摆着尾巴向前赶……

原来，那俊俏的年轻女子不是别人，正是龙王三公主变的。海龙王叫她来盗小秦王的神鞭，他们一夜夫妻还没到天亮呢，龙王三公主就用吆鱼赶虾的鞭子换走了吆山鞭。所以，鞭子一响，山不动了，鱼呀、虾呀的反倒直往前赶了。因为小秦王丢掉了吆山鞭，山就不再走了，停在昨天呆的地方：焦山在前，金山在后，一起停在江中心；北固山夹在中间，靠在江边上。后来，这三座山被打扮成秀丽的风景区，变成了著名的"三山"游览胜地。

◆金山宝塔传说

关于慈寿塔也有一个非常神奇的传说。这个传说看起来不可思议，其实里面却包含了古代劳动人民对工程学的智慧。古代的传说在今天看起来，充满了神秘和奇特的色彩。然而，仔细想想，我们就能从中品读出古代人民的聪明智慧和纯真的情感。这是民间故事传说中最为宝贵的财富。

从前，金山矗立在长江中间，所以去金

> **知识链接**
>
> 金山寺宝塔名为慈寿塔，耸立在金山西北峰。这座高塔始建于1400多年前的齐梁时代。现在我们见到的高塔重建于清末光绪二十六年。塔身有八面、七级，砖木结构，上下通行，四周有栏杆。慈寿塔造形雄秀挺拔，是金山的著名景点。

山岛需要坐船。金山四面是白浪滔滔的江水，山上有一边是陡壁悬崖，在悬崖上有一座金碧辉煌的七层宝塔，百里之外都能看见，很有名。不过，传说这座金山宝塔刚刚造好，就开始朝江里歪，这种情况俗话叫做"胎里带"，就是建造的时候出现了问题。主建筑师从山前转到山后，也想不出好主意去拨正它。

这宝塔底下是悬崖，悬崖之下是白龙洞。从前的整个白龙洞都是浸在水里的，所以，就算找到足够长的木头去打桩固定，下面是白茫茫的江水，木桩也没地方生根。更何况，这么长的木头也没有地方能找得到。这可真是应了一句俗语说的"打鱼的没网——无处下手"。工地上闲着上千号的工匠，整天吃饭、晒太阳，就是没办法开工。

这天，江面上突然传来了一阵"咚咚咚"的太平鼓声，从长江上游顺流而下大批木排。木排像一条长龙，刚好停靠在金山旁边。负责工程的主建筑师脑袋昏昏沉沉，人也是没精打采，就跌跌撞撞朝木排上一坐，望着金山宝塔发呆。太阳把宝塔的影子歪歪斜斜地映在江里。主建筑师越看越烦躁，越想越泄气：我堂堂这么个大建筑师，难道就被这工程难住了？还不如跳江死了呢！他想到这儿，不由自主地站了起来，望着江里的宝塔影深深叹了一口气，手一垂，身子一顿刚要跳江，忽然觉得衣服的后襟被人拉住了。他再掉头一看，是位白胡老头子，对着他笑呵呵的，看打扮也是个手艺人的样子。还没有等他说话，白胡老头子开口就问，"你是干什么工作的啊？"

"做建筑！"

"看你没精打采的，遇到什么过不去的事啦？"

"唉——！"主建筑师深深地叹了一口气说，"老大爷，不瞒你说！我是建这个宝塔遇到了难题。"他说到这儿，摇摇头，指指金山悬崖上的宝塔说："你看这宝塔朝江心歪，我却没有法子把它弄正。唉，我想了好多日子，也想不出法子。你说怎么交差？"

白胡子老头子听了哈哈大笑，走近一步，拍拍他的肩膀说："啊呀，愁什么呢，塔歪了不好打垟吗？"

主建筑师一听，心想，你这老头子肩上不担担子，说话多轻巧，也不怕风大闪了舌头，便说，"我晓得打垟呢，你看这宝塔底下是悬崖，悬崖下是大江，俗话说江无底，哪儿来的那么长的木头打垡呀？"

"没有长的，用短的好了。"

"短的够不到江底！"

"够不到江底，垡打在木排上好了。"白胡老头子说着指指脚下的木排。

主建筑师看看木排，一想这话倒也对。这时，江面上起了一阵风，木排晃动起来了。他再一回味觉得不对，便说，"这木排是活动的。"

"啊呀，你这人心眼真死，活动的也不要紧，你把它生起根来，不就好了吗？不管做什么事都要用用心机。"

主建筑师笑了，他被白胡老头子的话说开了窍，心里甜丝丝的，像喝了蜜汁，站起身来，对老人恭恭敬敬鞠了个躬，作了个揖，说了声多谢，掉头就去找工匠了。

主建筑师找到了工匠，随即指挥他们。扛木头的扛木头，拉绳子的拉绳子，校垡的校垡，整整忙了三个时辰。垡打好了，天也晚了，做工的也散了。主建筑师心里着实高兴，愁了这么多天没有好好睡过安稳觉，这两天连水米都没粘牙，现在打好垡，好像肩头上卸下千斤重担，心里舒畅，跑回家炒了两样小菜，痛痛快快地喝了四两酒，倒在床上，把被子往头上一蒙，就呼呼大睡起来。他这一觉一直睡到天蒙蒙亮，睁眼一想，不得了，垡打在木排上，今天正是农历的十八。俗话说："初三潮，十八水。"今天的大潮汛一来，木排跟着潮水涨，不把宝塔顶倒了吗？心里越想越害怕，越想越发慌，吓得浑身直冒冷汗，也不管天还没亮，挺身爬起来就朝金山奔。

主建筑师还没跑到金山，老远望了一眼宝塔，不禁呆住了：一夜之间，借潮水涨潮的力量，宝塔从前歪下去多少，就被顶上来多少，不多不少正好把宝塔顶正了。这时候，江水也落潮了。所有的垡都被吊得老高老高的。前来上工的工匠们也三五成群地扛了铁锹来紧垡了。到了金山，头一抬说："不好，赶快喊主建筑师，这垡是哪个松的？"再细望望啊，宝塔全正了。这是怎么回事？大家围着主建筑师提问题，主建筑师就把遇到白胡老头的经过情形说了一遍。大家都说这一定是木匠的祖师——鲁班师傅来指点的，用潮水的力量，把塔顶正。他这是告诉大家无论做什么事，都要多用心机，多动脑筋，才能把事情做好啊！

谷帘泉

谷帘泉档案

　　江西庐山的第一泉——谷帘泉，位于其绰约多姿的主峰——大汉阳峰南面康王谷中。水流的中道由于被岩石山所阻挡，分成数百缕细水，纷纷扬扬得散落而下，垂直高度达到170余米，魅力惊人的水流犹如从天而降的一匹亮丽晶莹的琼布，因此康王谷的这股水流被称为"水帘水"。这眼名泉也被称为"谷帘泉"。

　　谷帘泉四周的山体，多由比较疏松的砂岩组成。当地植被也十分繁茂。每当下雨时，降落到地面的雨水就会逐渐通过植被，再慢慢沿着岩石的纹路向下渗透。最后通过岩层的裂缝，汇聚成一泓碧泉，从山谷中喷涌而出，倾泻入潭。历史上众多的名人墨客，都以能亲临观赏这一胜景和亲自品尝谷帘泉出产的"琼浆玉液"为幸。宋代大诗人陆游一生喜好品茶。他在去四川的路上路过江西时，也对有幸能见到谷帘泉而感到幸运不已。在他的日记中这样写道："前辈或斥水品以为不可信，水品因不必尽当，然谷帘卓然，非惠山所及，则亦不可诬也。"

　　此外，宋代的王安石、秦少游、朱熹等也都慕名到此，品茶品水，众人公认谷帘泉水"甘腹清冷，具备诸美而绝品也"！宋代名人王禹还专为谷帘泉写了序文："水之来计程，一月矣，而其味不败。取茶煮之，浮云蔽雪之状，与井泉绝殊。"

> **知识链接** ✓
>
> 　　古人曾称谷帘泉水有"八大功德"：清、冷、香、柔、甘、净、不饐、蠲疴，这就是说，山泉水清澈透明，甘冽香润，少杂质，无污染，有益身体健康，这八大优点，谷帘泉水都已具备，谷帘泉自然就成了上好的水源。

谷帘泉边揽景

谷帘泉处在江西庐山主峰——汉阳峰南面，当你远眺晶莹剔透的珠帘时，自然会被庐山的无限风光所吸引。下面，让我们跟随泉水的清响走进庐山，品味这座天下名山的多情风姿。

庐山地处江西省北部的鄱阳湖盆地，九江市庐山区境内，濒临鄱阳湖畔，雄峙长江南岸。老听人说起中国有"三山五岳"，庐山就是其中的"三山"之一。庐山的山体呈椭圆形，这种山体在地质学上被称为"地垒式长段块山"。庐山长约25千米，宽约10千米，山中绵延着的90余座山峰，犹如九叠屏风，屏蔽着江西的北大门。庐山以"雄、奇、险、秀"四大特点闻名于世，素有"匡庐奇秀甲天下"的美誉。巍峨挺拔的青峰秀峦，喷雪鸣雷的银泉飞瀑，瞬息万变的云海奇观，俊奇巧秀的园林建筑，都向世人展现着庐山的无穷魅力。

庐山的主峰大汉阳峰海拔1474米，东依鄱阳湖，南靠南昌著名的滕王阁，西邻京九铁路大动脉，北枕滔滔长江。秀峰位于庐山南麓，在鄱阳湖之滨的江西星子县境内，由香炉、鹤鸣、双剑、姐妹、文殊、龟背等山峰组成。庐山在这一带的山峰玲珑秀丽，风光旖旎，古人说"庐山之美在山南，山南之美在秀峰"，果然名不虚传。五代十国时候，南唐的中主李璟少年时曾在秀峰筑台读书，继帝位后又在读书台旧址建寺，寺庙取名为开元寺，取的是"开国兆光"之意。到清代时，南巡到这里的康熙皇帝曾手书"秀峰寺"匾，赠送给寺里的僧人。此后，该寺改名为秀峰寺，并成为庐山山南五大丛林之一。

庐山的三叠泉位于五老峰下部。飞瀑流经的峭壁有三级，因此溪水分成三

▲江西庐山三叠泉

叠，飞泻而下，上下的落差共达155米，极为壮观，撼人魂魄。三叠泉每叠各具特色。第一叠"直垂"，水从20多米的巅其背上一倾而下。第二叠"弯曲"，直入潭中。"上级如飘雪拖练，中级如碎玉摧冰，下级如玉龙走潭。"站在第三叠抬头仰望，三叠泉抛珠溅玉，宛如白鹭千片，上下争飞；又如百副冰绡，抖腾长空，万斛明珠，九天飞洒。如果是暮春初夏多雨季节，飞瀑如发怒的玉龙，冲破青天，凌空飞下，雷声轰鸣，使人不由得叹为观止。

▲江西庐山三宝树

　　三宝树是庐山的又一大名景。

　　自芦林桥下沿着山谷中的小路西行不远，就能看到三棵古树凌空而立，气势雄伟。因为这三"兄弟"都是古树名木，所以人们称为"三宝树"。三宝树中有一棵银杏树和两棵柳杉树。银杏又名白果树，因为其生长速度十分迟缓，祖父辈栽种树苗，到了孙子一辈才能收获果实，所以银杏树又被称为"公孙树"。银杏树也是植物中的活化石，最早的银杏树可以追溯到第四纪冰川时代，也就是说这一物种在地球上已经延续了几百万年。庐山的这株银杏古老葱郁，高约40米，树干粗壮，需要四人合抱才能围拢起来。这棵银杏的树龄约1600年，真可谓是植物界的老祖宗了。另外的两株柳杉原名娑罗，高耸挺拔。相传，它们是晋代的僧人昙诜从西域引种而来。柳杉树旁边的岩石上就刻有"娑罗宝树晋僧昙诜手植"八个大字。

　　如琴湖，这片美丽的湖泊之所以叫这个名字，是因为它湖面的形状很像一架琴。湖中有曲桥、亭榭、花径。这条花径又称"白司马花径"，传说做过江州司马的大诗人白居易沿着这条小径赏过花。现在的花径被开发成了一座山中公园。园门有楹联"花开山寺，咏留诗人"，门上为"花径"二字。园内有花径亭，亭中有"花径"二字刻石，相传也是白居易所书。公园里面还有"景白亭"、"紫莉亭"、"花径人工湖"、"花展室"、"动物园"等景致。园中种满了桃花和各种名花，白居易的名句"人间四月芳菲尽，山寺桃花始盛开",描写的就是这里。

"美庐"在民国时期曾经作为蒋介石的夏都官邸。因为当年"第一夫人"宋美龄曾经住在这里,因此这里被称为"美的房子"。绿荫笼罩下的"美庐"别墅为石木结构,主楼为两层,副楼为一层,占地面积为455平方米,建筑面积为996平方米。整个"美庐"庭园占地面积为4 928平方米,建筑占地面积仅占其中不足10%。因而,整个庭园显得特别敞净,园中的建筑和周围的环境也显得十分和谐,既不让人感到笨拙,又不令人感到纤弱。

从黄龙寺沿着石阶曲径向上行走大约20分钟,便到了芦林大桥。一路上,密林蔽日,树干高耸挺拔。如果是在炎热的夏天,游人行走其间会顿时感觉到凉爽身轻。芦林大桥高30米,桥坝一体,拦水成湖。湖水如镜,似发光的碧玉镶嵌在林阴秀谷之中。湖面在缥缈的云烟衬托下,犹如天上瑶池。二三百万年前,庐山受到第四纪冰期的影响,形成了一个典型的冰窖。而这里正是当年庐山最大的一个屯积冰雪的谷地。1954年,国家在此筑坝蓄水,

▲江西庐山如琴湖

于是高峡出平湖，青山绿水，山色倒影，相映成趣，为庐山增添了一道胜景。

庐山会议旧址位于牯岭东谷的掷笔峰脚下。这里松柏茂密，溪水潺潺，环境优美，原本是蒋介石在庐山创办"军官训练团"时的三大建筑之一。建筑整体于1937年落成，原名庐山大礼堂，新中国成立后改名为"人民剧院"。大堂外表壮观，内饰华丽。1959年的中国共产党八届八中全会，1961年的中央工作会议和1970年的中国共产党九届二中全会都是在此召开，毛泽东同志主持了这三次重要会议。现在，这里已被辟为庐山会议纪念馆，里面保存着许多当年的珍贵实物、照片、会议材料和根据纪录片制作的录像，供游人观看。右侧不远处的"庐山大厦"为外观四层、内有六层的钢筋水泥建筑，原为国民党军官训练团的中下级军官住所，大厦正面的额上，原有蒋介石题写的"庐山传习学舍"六个大字。而位于会址和大厦中间的一座宫殿式建筑，就是1935年落成的庐山图书馆。

在芦林湖畔，有一栋中西合璧的别墅式建筑。这是毛泽东主席当年在庐山期间曾住过的地方，人称"芦林别墅"。因为房间的编号是1号，因此又称"芦林一号"。别墅于1961年兴建，单层平顶，中有内院，总面积2 700平方米。这座别墅见证了新中国许多重要决定的诞生。

1984年，别墅改成了博物馆。新中国成立前庐山各幢中外别墅中的精品、陈列品和历史文物是馆藏中的主要组成部分。博物馆的展品中，特别引人注目的是清代画家许从龙历时六年所绘制的《五百罗汉图》。原画共有200幅，几经战乱，只剩110幅，后经多方搜集又找回两幅，现共有112幅，都存放在博物馆内。博物馆内展出历代名瓷中的精品，有汉代的青瓷、唐三彩、宋影青瓷、明青花瓷、清逗彩瓷，特别是明清的展品，都柔润细腻，非常精美。博物馆内还收藏了蒋介石用过的"蒋"字瓷盘，宋美

知识链接

"秀峰"是香炉峰、双剑峰、文殊峰、鹤鸣峰、狮子峰、龟背峰、姊妹峰等诸峰的总称。鹤鸣峰下，秀峰内有"漱玉亭"、"玉峡"、"龙潭"、"瀑布"、"观瀑亭"、"日照亭"等胜景，也有其他许多历史名人留下的珍迹。例如，李白著名的诗句"日照香炉生紫烟，遥看瀑布挂前川。飞流直下三千尺，疑是银河落九天"描写的就是著名的开元瀑布。

龄的象牙柄扇，以及蒋介石五十岁寿辰时，官僚们赠送的佩剑和铜砚。此外，馆中还藏有青铜器、陶器、工艺品、金石篆刻、历代钱币等藏品。这些藏品中有许多是非常难得的珍品。

看完了前面的介绍，相信大家已经深切的体会到了庐山周围大江、大湖、大山浑然一体，雄奇险秀、刚柔并济的风格。庐山风景美不胜收，"春如梦、夏如滴、秋如醉、冬如玉"，恰如一幅充满魅力的立体天然山水画。历史造就此山，文化孕育此山，名人喜爱此山，世人赞美此山。中华民族源远流长的历史和数千年博大精深的文化丰富着庐山的内涵。

庐山不仅是风光秀丽的旅游点，同样也是一座教育名山、文化名山，一座宗教名山、政治名山。如此综合性的身份，在全世界也是十分少有的。

在文化方面，从司马迁"南登庐山"开始，陶渊明、李白、白居易、苏轼、王安石、黄庭坚、陆游、朱熹、康有为、胡适、郭沫若等1 500余位文坛巨匠先后登临庐山，他们总共留下4 000余首诗词歌赋。如此数量的名句让庐山蜚声海内外。宗教方面，慧远禅师在庐山始建东林寺，在此开创了佛教的"净土法门"。后来，庐山更是汇集了佛教、道教、天主教、基督教、伊斯兰教等诸多宗教，兼容并蓄，海纳百川。

在其他方面，宋朝大儒学家朱熹在这里重建白鹿洞书院，"理学"在这里被弘扬；上世纪初，汇集世界25个国家风格的庐山别墅群在这里兴建；胡先骕在这里创建了中国第一个亚热带山地植物园；李四光在这里提出了"第四纪冰川"学说；20世纪中叶，庐山成为国民政府的"夏都"；新中国成立后，这里又成为重要的政治场所……庐山的历史遗迹，代表了中国历史发展的大趋势；庐山的点点星光，闪烁着中华民族历史文化的光华。

> **知识链接**
>
> 庐山是千古名山，它的风采得到了全国人民的喜爱，也得到了全世界的肯定。庐山不仅仅是首批国家重点风景区、全国风景名胜区先进单位、首批中国5A级旅游区、全国文明风景区、全国卫生山、全国安全山、中华十大名山、我国首批世界地质公园，还是联合国教科文组织评选的"世界遗产"——我国的第一处世界文化景观。

谷帘泉边轶事

　　谷帘泉水的水质不逊于国内任何名泉的泉水。同样的，在传说中，这里的泉水也和唐代的茶圣陆羽有着千丝万缕的联系。

　　陆羽有着高超的鉴水本领。传说中经他鉴定过"真伪"的不仅有中泠泉的泉水，还有庐山谷帘泉的泉水。

　　陆羽曾应洪州（今江西南昌）刺史萧瑜的邀请，前往刺史府中做客。两人闲谈中，萧瑜对陆羽判定谷帘泉为天下第一名泉感到很不以为然，他说："天下名泉甚多，何以要评谷帘泉为第一呢？"陆羽为了让他信服，就请萧瑜命令手下士兵去康王谷汲取谷帘泉的泉水来亲自品评。

　　两天以后，士兵取水回来了。陆羽便亲自用刚取来的水煎茶。在场众宾客品茶后频频举杯，连连赞叹，都认为品尝到了佳泉美味，还有人说："鸿渐兄真不愧为评泉高手，谷帘泉果然名不虚传！"

　　陆羽听后十分欣喜。可是，当他自己举盏吸了一口之后，陆羽周皱起了眉头。他看着刺史说："咦！这水——恐怕不是谷帘泉吧？"

　　众人闻言全愣住了。萧瑜急忙把汲水的士兵唤来询问，可那人一口咬定取来的是谷帘泉的泉水。

　　正在这难以定夺的尴尬时刻，江州（今江西九江）刺史张又新前来拜访，他早就得知陆羽最爱谷帘泉，而他自己对煮茶也颇感兴趣，就特地扛了一坛谷帘泉水前来助兴。

　　陆羽便又用张又新带来的水煎茶请众人重新品评。席上很快传来阵阵笑语："不怕不识货，只怕货比货，这水才无愧于谷帘泉之名。"

　　一旁的士兵早已吓得说不出话来。原来，他当时确实取到了谷帘泉水，但在返回途中经过鄱阳湖时，因

> **知识链接**
>
> 　　陆羽，字鸿渐，汉族，唐朝复州竟陵（今湖北天门市）人，一名疾，字季疵，号竟陵子、桑苎翁、东冈子，又号"茶山御史"。一生嗜好品茶，精于茶道。他因为著写了世界第一部茶叶专著——《茶经》而闻名于世。陆羽对中国茶业和世界茶业的发展作出了卓越贡献。被后人誉为"茶仙"，尊为"茶圣"。许多地方还供奉着陆羽，把他看作是"茶神"。

风浪甚大,他一不小心把满坛的谷帘泉水给打翻了。为了不因误时受责,他便汲了一坛鄱阳湖的湖水来交差,不料却被陆羽一"口"识破。

　　传说毕竟只是传说。但是,谷帘泉水的甘甜却和这悠久的传说一样,一直流传到了今天。大家有空去庐山游玩的话,可千万别忘了品尝一下这美味的泉水呀!

▲茶圣陆羽像

惠山泉

惠山泉档案

　　惠山泉位于江苏省无锡市西郊，惠山山脚下的锡惠公园内。相传茶圣陆羽曾经亲自品尝过惠山泉水，因此这里也被称作"陆子泉"。到了清朝，乾隆皇帝把这里封为"天下第二泉"。

　　古代，来自西域的和尚慧照曾在惠山附近结庐修行，而古代"慧"、"惠"二字通用，所以这座山峰便被人们称为"惠山"。惠山泉水源于惠山上的若冰洞，水流从洞中涌出，形成清泉。

　　最早的惠山泉，泉口被围成了成上、中两个池子。上池是八角形，八根小巧的方柱镶嵌着八块条石形成围栏。池深三尺有余。中池紧挨着上池，呈四方形，水体清淡，别有风味。到了宋代，人们又在下方开出了一个大池，

▲惠山泉

呈长方形。这个池子被人们当做鱼池使用。明代的雕刻家杨理特在下池的池壁上雕刻了一个神兽"螭"的头部。这螭首似龙非龙,俗称石龙头,中池的泉水通过这个石龙头向下注入大池之中,终年喷涌不息。泉口池前建有供茶人品茗的漪澜堂。大文学家苏东坡曾在此赋诗曰:"还将尘土足,一步漪澜堂。"

惠山泉水是"山水",也就是通过山石岩层的裂隙过滤过的地下水,因此水中含有的杂质特别少,泉水"味甘"而"质轻",水色透明,甘冽可口。这种泉水特别适于煎茶。由于惠山泉水水质出众,许多古代的品茶专家都曾经到过这里研究、品尝。华淑在《二泉记略》一书中就总结了惠山泉的"三异"与"三癖":"泉有三异,两池共亭,圆池甘美,绝异方池,一异也(泉口的池子一个圆一个方,十分特别);一镜澄澈,旱潦自如,二异也(泉水清澈,不管在旱季还是在雨季都是如此,十分特别);涧泉清寒,多至伐性,此则甘芳温润,大益灵府,三异也(泉水清澈冰凉,对身体有特别的好处,这也是很特别的)。更有三癖,沸须瓦缶炭火,次铜锡器,若入锅炽薪,便不堪啜,一癖也(泉水最好用瓦罐煮沸,次一点可以用铜器,但是不能用普通的铁器,否则水的味道就会变坏,这是泉水的特殊之处);酒乡茗碗,为功斯大,以炊饮作糜,反逊井泉,二癖也(泉水适合煮茶酿酒,但是不适合日常做饭饮用,这是泉水第二个特殊的地方);木器止用暂汲,经时则味败,入盆盎久而不变,三癖也(泉水只能随取随用,放置时间一长,泉水味道就会变坏,这也是泉水的特殊之处)。"惠山泉水就是这么有"性格",而古人也很好地把它的怪脾气总结了出来。

名闻天下的惠山泉吸引了四方茶客到此一饮,达官贵人更是闻名而至。唐武宗时,当朝宰相李德裕特别喜爱这里的泉水,他责令地方官派人通过"递铺"(类似驿站的专门运输机构),把泉水送到三千里之遥的长安,供他煎茗。这和杨贵妃喜欢吃荔枝而让人从遥远的岭南快马送来是何等的相似啊!北宋的苏东坡深刻地体会到"泉美,茶香异"(泉水香甜,则茶水的味道异常香美)的道理,他在熙宁年间,"独携天上小团月,来试人间第二泉"。品饮泉水名茶之后,苏东坡连声赞"妙",并把泉水比作乳水,告诉人们说:"乳水君当飨惠泉。"

北宋时，京城一些显贵和名士常常不惜千里之遥，用舟车载运惠山泉水到首都汴京（开封）。为了防止长途跋涉中水味变质，人们在实践中摸索出了"拆洗惠山泉"的办法。据周辉《清波杂志》一书第四卷记载：惠山泉水运到汴京后，要用细沙淋过一遍。处理过的泉水便像刚刚打出的一样。这种方法叫"拆洗惠山泉"。用细沙将泉水淋过，也就是用细沙把水过滤一下，去掉其中的尘污和杂味，这样一来，水味就能恢复如初。

　　惠山泉水也是当时人们相互馈赠的礼品。大文学家欧阳修曾以18年的时间撰写了《集古录》十卷，请他的好友，大书法家、茶艺大学者蔡襄写序。欧阳修称这篇序文"字尤精劲，为世所珍"。为了酬谢蔡襄，他精心准备了4件礼品：一件是鼠须栗毛笔，一件是铜渌笔格，一件是大小龙团茶，另一件就是一瓶惠山泉水，算作润笔（稿费）。

　　南宋第一位皇帝赵构，在金军追击下被迫南逃途经无锡时，仍有雅兴品茗惠山泉。泉旁的二泉亭，就是当年地方官吏为迎接赵构而修建的。这位皇帝的休闲劲儿，也体现了宋朝人们热爱娱乐的性格。

　　元代时，到惠山泉品茗和汲水的更多了。当地官员为了限制人员流量，便在惠山泉外围设卡收税。这道"泉水税"居然成了当地财政的一大收入来源。可见，人们对这眼名泉有着怎样的热爱。

　　到明代，讲究品茶的人们更加仰慕惠山泉的名声。但是，外地人想得到惠山泉水毕竟是一件很困难的事情。于是人们只好自制惠山泉水，以代替真的惠山泉水。明代朱国祯记述的"替代品"的制作方法是：先把一般的水煮开，放到大缸内。把水缸放置在庭院中晒不到太阳的背阴地方。等到月色皎洁的晚上，就把缸盖大开，让缸里的水承受夜间露水的滋润。经过这样的三个夜晚后，再用瓢轻轻地把水舀到瓷坛中。仿制而成的"惠山泉水"就这样诞生了。据说用这种水烹茶，与惠山

> **知识链接**
>
> 　　乾隆皇帝南巡时，特地到惠山泉品水饮茗，而且诗兴大发，其诗曰："惠泉画麓东，冰洞喷乳縻。江南称第二，盛名实能副。流为方圆池，一倒石栏凳。圆甘而方劣，此理殊难究。对泉三间屋，朴断称雅构。竹炉就近烹，空诸大根围。"这首诗后来镌刻在惠山泉前景徽堂的壁上，被人们所传诵。

泉无异，无缘拜访惠山泉的人们，通过这种方式也能略微饱一下口福了。

历代的名流对惠山泉均有很高评价，褒奖之词络绎不绝。其中，不乏有为惠山泉屈居"第二泉"而鸣不平的作品。刘远的《惠山泉》有一诗："灵脉发山根，涓涓才一滴。宝剑护深源，苍珉环甃壁。鉴形须眉分，当暑挹寒冽。一酌举瓢空，过齿如激雪。不异醴泉甘，宛同神瀵洁。快饮可洗胸，所惜姑濯热。品第冠寰中，名色固已揭。世无陆子知，淄渑谁与别。"明代有位镇江知府，尽管被誉为天下第一泉的中泠泉就在他的辖区之内，但他还是认为第一的桂冠应该让给惠山泉。诗人王世贞也吟出："一勺清泠下九咽，分明仙掌露珠圆；空劳陆羽轻题品，天下谁当第一泉？"1751年，乾隆皇帝南巡，经无锡品尝了惠山泉后，援笔题诗，诗中也有"中泠江眼固应让"之句，说明惠山泉水确实为天下稀珍之物，宜茶之水。

惠山泉边揽景

惠山泉不仅泉水甘美、茶香飘逸，周边风景也魅力无穷。泉旁的二泉亭，上有景徽堂，在此可品尝二泉水烹煮的香茗，并欣赏山泉周围的美妙景致。从二泉亭北上有竹护山房、秋雨堂、隔红尘廊、云起楼等古建筑。听松堂也在二泉亭附近。亭内摆放着一块古铜色巨石，人称石床，大石光可鉴人，游人可以躺在上面休息。石床的一端镌刻着"听松"二字，是唐代书法家李阳冰的手迹。皮日休在此听过松涛，留有诗句："殿前日暮高风起，松子声声打石床。"从二泉亭开始登山，可以直达惠山山顶。从山顶纵眺太湖风景，美不胜收。

太湖风光以雄浑清秀见长。这里四季景色不同，早晚意境迥然。鼋头渚是观赏太湖风光的最佳地方，"太湖佳绝处，毕竟在鼋头。"这里因为有大石形如鼋头伸入湖中，故被人称为鼋头渚。鼋头渚从1918年开始建园，先后辟有横云小筑、郑园、退庐等景致。游人一进园就会看见"太湖佳绝处"牌坊，经过"间津"、"利涉"门后，缓步慢行就会走到长春桥边。初春时节，这里的樱花破绽怒放，排红粉白，一树树，一片片，像彩云，似晨雾，灿烂眩目。

鼋头渚公园是一个以天然山水为主，人工修饰为辅的园林。公园花木扶疏，郁郁葱葱，湖岸怪石嶙峋，曲折多变，在绿树丛中，又有长春桥、澄澜堂、飞云阁、劲松楼、万浪桥、万方楼、光福寺、陶朱阁、光明亭等园林建筑点缀其间，整个公园景色秀丽多姿。当你进入公园的大门，看到的是花木、庭园，根本见不到太湖的影子。只有当你在庭园内走出一段路，登上一个高阶时，那浩瀚壮阔的太湖才一下子展现在你的眼前，顿时使你心胸豁然开朗。

　　远观之后，不妨近赏惠山泉所在的锡惠公园的其他景致。惠山寺是其中一大风景。惠山寺是江南名刹之一，始建于南北朝。清乾隆皇帝南巡，几次游惠山，亲书"惠山寺"匾额。寺庙的香火旺盛。主要游览点有唐宋经幢、金刚殿、雪花桥、日月池和御碑亭等。

　　观完惠山寺，再看寄畅园。这座园林在元朝时是寺庙的二僧房，原名"南隐"、"讴寓"。明正德年间，当时的兵部尚书秦金从京城罢官回乡后，将此处开辟为园林，名为"凤谷行窝"，后又更名为"寄畅园"。清

▲鼋头渚

珍藏中国 中国的名泉

▲惠山寺

康熙二十三年（1684年），当时的主人在园内叠石引水，步步得景，处处有画，寄畅园更趋完美。寄畅园的东部是一个南北狭长的水池，名为"锦汇漪"。池畔有绕池修建的回廊。回廊的粉墙上镶嵌着漏窗。回廊中段的六角亭中，安放着石桌、石凳，相传是乾隆皇帝与寺僧下棋的地方。廊的尽头有一九脊飞檐的方亭，名为"知鱼槛"，游人可在此倚栏观鱼。池北林木幽深之处，八音涧承二泉活水，泉音叮咚。园的西部则以假山树木为主。人们在这里用太湖石垒成了"九狮台"，看着它，人们仿佛看到了姿态各异的一群狮子。寄畅园与惠山九峰、锡山龙光塔连成一片,成为园林建筑中借景手法的成功范例。

在锡惠公园中,还有锡山这颗明珠,山顶上的龙光塔,是无锡城市的风景标志之一。山底的龙光洞、愚公谷、九龙壁、动物园以及映山湖畔的阿炳墓,都吸引了无数的中外游客,在这座露天的历史博物馆中,人们看到了江南文化的灿烂异彩,美如繁星。

惠山泉边轶事

▼李德裕

◆李德裕与惠山泉的故事

宋朝的唐庚的《斗茶记》一文中记载道:"唐相李卫公,好饮惠山泉,置驿传送不远数千里。"说的是唐代的宰相李德裕为了喝到惠山泉水,不惜建立专门的运输系统运送泉水的故事。这种送水的驿站被称为"水递"。时隔不久,有一位老僧拜见李德裕,说相公要饮惠泉水,不必到无锡去专递,只要取京城的昊天观后的水就行。李德裕大笑其荒唐,便暗地让人取惠山泉水和昊天观水各一罐,做好记号,并与其他各种泉水一起送到老僧处请他品鉴,找出惠泉的水来,老僧一一品尝之后,从中取出两罐。李德裕揭开记号一看,正是惠泉水和昊天观水,李德裕大为惊奇,不得不信。于是,再也不用劳民伤财的"水递"来运输惠泉水了。

李德裕是个颇有作为的宰相,平生喜好鉴别泉水。可惜的是,他为人度量不宽。在唐代中期有名的"牛李党争"中,李德裕是李党的领袖,他与牛党领袖牛僧孺等人相互排挤、倾轧长达二十多年。最终李德裕败落,被贬为崖州(今海南琼山东南)司户(管理民政的小官),郁闷而终。李德裕当朝时期,在生活上奢侈过度,曾经招来了许多非议和抨击。建立水道运送泉水,就是别人攻击他时所用的把柄之一。

◆二泉映月

惠山泉不光泉水醇美,景致宜人,泉边孕育的人也是十分出众。这里培养了我国优秀的民间音乐家——阿炳,他的代表作就是蜚声海内外的二胡名曲《二泉映月》。"石封苔百尺深,试茶尝味少知音。惟余半夜泉中月,留照先生一片心。"宋代文人已经写出了钟情"半夜泉中月"的诗句。到了清朝光绪年间,无锡雷遵殿道观出了个小道士,叫华彦钧,人们都称他为阿炳。阿炳青年时双眼因目疾而先后失明。他从小就酷爱音乐,在其父道士华清和的传授下,阿炳的二胡演奏技艺渐臻圆熟精深,最后达到深高造诣。他常在夜深人静之时,摸到惠山泉畔,聆听那叮咚泉声,手掬清凉的泉水,身接皎洁的月光,幻想着人间能有自由幸福的生活。

阿炳用二胡的音律抒发内心的忧愤和人间的疾苦,祈盼光明幸福的降临,创作出了许多二胡演奏曲。其中,他以惠山泉为素材做出的名曲《二泉映月》最为脍炙人口。多年以来,这首曲子已成为二胡演奏的世界名曲。《二泉映月》节奏优美,旋律动人,如泣如诉,令人闻之驻足。人们为纪念这位著名民间音乐家,1984年在二泉亭重建了华彦钧之墓。

虎跑泉

虎跑泉档案

素以"天下第三泉"著称于世的杭州虎跑泉，位于西湖西南方，藏身在大慈山的白鹤峰麓。虎跑泉距离杭州市中心约5千米，泉眼所在的地方被称为虎跑路。虎跑泉有一孔两尺见方的泉眼。清澈明净的泉水，从山石的豁口处汩汩涌出。泉后壁上刻着"虎跑泉"三个大字，这是西蜀书法家谭道一的手迹，笔法苍劲，功力深厚。

虎跑泉是"人间天堂"杭州城最有名的泉水之一。虎跑泉水水质纯净，甘洌醇厚。用虎跑泉水泡龙井茶，清香溢口，沁人心脾。水和茶一起被誉为"西湖双绝"。郭沫若曾赋诗赞道："虎去泉犹在，客来茶甚甘。"那么，虎跑泉水为什么被人们如此称赞呢？

用物理学的眼光去看，虎跑泉水有较大的分子密度和表面张力，水分子形成的表面有很强的延展性。如果在盛满水的杯子中轻轻放入一枚五分钱的硬币，硬币竟能浮在水面而不沉底，即使水面高出杯口达三毫米，水也不会外溢。研究泉水的专家们解释说，虎跑泉的泉水是透过难以溶解的石英砂岩渗流出来的，每公升水所含的可溶解的矿物杂质只有0.02—0.15克，因而泉水既甘甜清澈，又纯净无菌。对人体来说，这样的水质能够解析人体内多余

▲虎跑泉

的盐分，会起到很大的保健作用。因此虎跑水泡龙井茶叶不仅味道奇佳，其保健功能历来被世人称道。

虎跑景观以"泉"为中心。新中国成立以来，这里经过了多次拓建，重新恢复了钟楼、罗汉堂，并新建了弘一法师石塔及纪念堂、济公殿和济颠塔院等景观。人们围坐在泉边，一边品泉饮茶，一边探胜访古，凭吊两位佛门弟子的遗迹。这种自然和人文景观的相互结合给游客们提供了许多的游兴和遐想。

追根溯源

宋代苏东坡有一首写虎跑泉的诗："亭亭石塔东峰上，此老初来百神仰。虎移泉眼趁行脚，龙作浪花供抚掌。至今游人盥濯罢，卧听空阶环佩响。信知此来如此泉，莫作人间去来想。"诗中所说的"虎移泉眼"是一则流传很广的传说，讲述了虎跑泉的由来。

相传在唐代以前，此地既无泉水，也无大的寺宇。唐宪宗元和年间，有位名叫性空的和尚云游至此，见大慈山白鹤峰麓环境清幽，便有心在此地悟禅修法。但是，通过进一步考察，他却发现这里缺少维持生存的饮用水源。有一天，两个力大无比的兄弟来到了这里。哥哥名叫大虎，弟弟名叫二虎，兄弟俩长期流浪在外，近日才到杭州。听说性空和尚有心在此建立大寺院，却苦于无水，便决心剃度为僧，做性空和尚的徒弟，专为寺院挑水，性空和尚见他俩心诚，便收下他们为徒。

大虎、二虎两兄弟每天起早到大慈山外的西湖中去挑水。由于他俩力气大，挑回的水足够师徒三人享用。但是，性空和尚想的是建立一座大寺院，他兄弟俩纵有千斤之力，又能从西湖里挑来多少水！性空和尚为此经常发愁。有一天，大虎突然想起，在南岳衡山时，一次口渴异常，恰遇一眼山泉，清冽香甜。后来听当地人说这眼泉名叫童子泉，是一眼稀世的仙水。于是，大虎对二虎说："我们何不把它移来。"二虎一听，拍手叫好，于是兄弟俩告别师父，历尽千辛万苦，赶到了童子泉。性急的二虎上前就要搬，童子泉却一动也不动，兄弟俩无奈只好望泉兴叹。这情景被一守护童子泉的小仙童看得真切，便走出山林来说："这童子泉是仙泉，凡人哪能搬得动它。

但如果你俩愿意脱俗成虎,这泉便可移动。"想到师父的心愿,大虎和二虎当即答应了。于是,小仙童便在他俩身上拂动柳枝,洒上仙水。顿时,兄弟二人消失不见,烟雾中却跳出两只斑斓猛虎。小仙童立即拔出童子泉,跨上大虎的后背,催赶二虎背驮着童子泉,一阵风似地赶往杭州。

一天夜里,性空和尚正在打坐,朦胧中见到两只口渴异常的老虎在禅房外刨地作穴,性空和尚猛地惊醒过来,打开门一看,老虎未见,却有一股清泉从石崖间涌出。性空和尚明白,这就是大虎和二虎移来的童子泉,它由"二虎"刨地作穴而成。所以,便给这眼泉取名为虎刨泉。后来性空又觉得此名有些拗口,便更名为虎跑泉。白鹤峰麓有了虎跑泉,性空和尚栖禅的大寺宇也很快建成了。

1983年,雕刻家根据"虎移泉眼"民间传说,在虎跑滴翠岩后的山腰平台上创作完成了"梦虎"雕塑。

▲虎跑泉如真虎一般的雕塑

整个塑像借用一组巨大的山岩叠石，传神传情，活灵活现。雕塑中，两只猛虎接踵刨地出泉，性空禅师则合着双目，怡然梦中。这一作品充分利用自然地形、山涧，把人物和猛虎、涌泉、自然山水、庭院建筑融为一体。高僧梦卧的形态，两虎自林中刨水的情形，两幅画面动静结合，野趣盎然。石壁间还刻有"虎跑泉眼"四个行书体大字和"梦虎"两个大篆体字。

当然，人们不会真的相信虎跑泉是两只老虎刨出来的。明初文学家宋濂在为虎跑泉所作的铭文中就说："谁信清冷生于虎爪？"张舆在诗中亦云："虎曾听法跑泉出，龙或逃禅挟洒飞，……世情总被凡僧惑，泡影观来果是非。"

那么，涓涓不息、清澈宜茶的虎跑泉是从哪里来的呢？旧时虎跑有块四字碑："源远流长"。现在清音亭上书有楹联："山势北连三竺去，泉声西自五云来。"古人们已经意识到虎跑泉的出现和周围环境的关系。

虎跑泉钻出地面的地方周围有三面环绕高山，只有东边和东南边有开口。于是这里形成了一个面向东、东南方向的马蹄形小洼地。这种地形给虎跑泉提供了良好的供水条件，地下水容易在此处汇集。加上当地的石英砂岩中的裂隙发育极好，地下水可以毫无阻挡地顺着裂隙源源不断地奔向地面，于是一眼泉水就在这里涓涓流出，终年不断。经过测量，虎跑泉涌水量每昼夜为192吨左右。虎跑泉水是从山石的裂缝内自然流下，所以，即使这里三四个月，甚至多半年不下雨，虎跑泉水依然叮咚。1978年，杭州大旱，城中饮水紧张。不甘心喝钱塘江水的人们便纷纷涌往虎跑泉取水，这一场景往往被经历过的人们所怀念。

清代丁立诚《虎跑泉水试钱》诗中赞叹："虎跑泉勺一盏平，投以百钱凸水晶。绝无点点复滴滴，在山泉清凝玉液。"古代的人们就发现了虎跑泉水能够浮起钱币的"特异功能"。历来，"戏水"成为人们游览虎跑的一项乐事。

经过地质专家和防疫部门专家测定，虎跑泉水中还含有30多种其他的微量元素，是一种很珍贵的冷矿泉水。经常饮用虎跑泉水，可以给人们提供较好的医疗保健。现在，虎跑矿泉水厂出品的矿泉水供不应求，而每天凌晨起来到虎跑汲取泉水的人更是越来越多。

虎跑泉边揽景

　　游览虎跑泉的乐趣，首先在泉。游览虎跑泉，要经过"听泉"，"观泉"，"品泉"，"试泉"，"梦泉"五个阶段。

　　进入山门之后，两旁传来的便是一股潺潺的清泉发出的叮咚响声。水声淙淙，如鸣佩环。从这里一直走到泉眼处，一路上耳边传来的水声清澈心脾。这一路的游览过程被人们形象地称为"听泉"。行至半山，就能看到壁上刻着"虎跑泉"三个大字，这是西蜀国道一大师的手迹。从这里俯瞰，可以看到山下的天王殿。据史书记载，虎跑所在的地方原称大慈山定慧寺，寺庙始建于唐代开成二年（837年），起初命名为"资庆寺"，到了唐僖宗年间（875~888年），才改名为"大慈定慧寺"。清代同治年间，寺庙经过了大规模的修整，一直保存至今。

　　虎跑寺是全国罕见的拥有两座大庙的寺院。这一奇观背后流传着一段趣话。相传当年建寺的性空禅师圆寂之后，他的两个弟子就接替他主持寺院。谁知，大师兄见利忘义，私吞香火钱。二师弟一气之下，在二凉亭正对的路上又建了天王殿和大雄宝殿，半路上拦走了香火钱。大师兄所在的寺院就很少有人上去烧香了。大师兄情急之下，就在山路转弯处立了"虎跑泉"的照壁，以示山上的寺庙才是正宗。多年以来，两座寺庙相互竞争，相互依存，一直到了今天。

　　踏阶前行，就到了滴翠崖，迎面而来的是一座真虎一般的雕塑，这就是虎跑泉眼的所在地。虎跑泉水是由虎跑的地势自然形成的。虎跑泉位于沟岩之中，四周被大慈山、白鹤峰等山岭所包围，从而形成了一个马蹄形的汇水洼地。从地质构造来看，这一带山岭的岩层为千里岗砂岩，岩石向东南方向倾斜，倾角较平缓呈45度，虎跑泉就在岩层斜角的下方，因而落到山岭的雨水渗到地下成为地下水，地下水又沿岩层渗出，从而使虎跑泉大旱不涸，水量充足，每秒钟可达两升以上。在泉边的驻足，被人们称为"观泉"。

　　山路尽头坐落着茶室。游客在这里可以小坐休息，也可以用清澈纯净的虎跑泉水冲泡龙井茶叶。茶叶清香四溢，茶味沁人心脾，泉水和茶叶完美融合，奖赏着游人的味蕾。饮茶的体验，被称为"品泉"。

　　继续顺水道踏节而上，便来到滴翠崖下。眼前一股清澈的泉水从山角的石缝中涌出，寒气袭人。取一盏清泉在手，在水面上放置一枚五分硬币，可见钱币浮于水面而不沉，这便是"试泉"。

沿虎跑泉左面的山径拾级而上，不远处就会出现一组梦虎石雕：性空和尚面目慈祥，闭目斜卧；边上有二虎，形象生动，粗犷有力。整座雕像布局得体，线条刚柔相间，很有意趣，这里便是"梦泉"之处。这组高5米、长9米的"梦虎"雕塑就是根据"虎移泉眼"的民间传说而创作的。那个白发银须，双目微闭，手捻佛珠，安详地侧卧在山崖之中的老和尚就是性空，右侧两只老虎正在刨地作穴，清泉从虎爪下面涌出流入池内。石壁间有当代书法家沙孟海所书的"虎跑泉眼"四个字，"梦虎"二字则出自著名书法家顾廷龙的手笔。

虎跑茶室边上有济祖塔院，这里是宋代济公圆寂后埋葬遗骨的所在。院内的五幅浮雕记录了济公的生平事迹。正中的一幅是济公画像，其他的几面浮雕，从左至右分别讲述着"济公斗蟋蟀"、"运木古井"、"飞来峰传奇"、"疯僧扫秦桧"的传说和故事，概括了济公生平的主要事迹。这座混凝土结构的塔院是民国初年的建筑。后来，因扮演济公而出名的演员游本昌捐资5 000元人民币对这里加以修葺扩建，使塔院形成了目前的规模。

从茶室前沿级而下，就能找到弘一法师纪念馆。民国时期的著名法师——弘一法师，1918年在虎跑寺出家，因此，1984年在这里为他建造了纪念堂。室内分三个部门，陈列着百余件弘一法师（本名李叔同）生前的实物展品。李叔同，浙江平湖人，1880年生于天津。1905年留学日本，回国以后，曾教授美术、音乐等学科。他创办了中国第一个剧社——春柳社，并把

▲西湖虎跑龙井茶园

欧洲的西洋画、五线谱介绍到了中国。39岁时，他在虎跑寺剃度为僧，法号弘一。法师是一位知名爱国人士，更是一位著名艺术教育家和佛学高僧。为了纪念他，人们在纪念室门口还竖起了一座弘一塔。这是建国后在弘一法师的好友、著名画家丰子恺以及新加坡的广洽法师等人的资助下建造起来的。

从听泉、观泉、品泉、试泉直到梦泉，虎跑泉能使人自然进入一个绘声绘色、神幻自得的美妙境界。而泉边的名人遗迹和神奇传说，更是让人们难以忘记这眼名泉的风采。

虎跑泉边轶事

传说乾隆皇帝下江南时，特意来到杭州龙井狮峰山下，观看乡下女子采茶，从而体现他的体察民情。这天，乾隆皇帝看见几个乡女正在十多棵绿苗苗的茶蓬前采茶，心中一乐，也学着采了起来。刚采了一把，忽然太监来报："太后有病，请皇上急速回京。"乾隆皇帝听说太后娘娘有病，随手将一把茶叶向袋内一放，日夜兼程赶回京城。

其实太后只因山珍海味吃多了，一时肝火上升，双眼红肿，胃里不适，并没有大病。此时见皇儿来到，只觉一股清香传来，便问带来什么好东西。皇帝也觉得奇怪，哪来的清香呢？他随手一摸，啊，原来是杭州狮峰山的一把茶叶，几天过后已经干了，浓郁的香气就是它散出来的。太后有些好奇，便想尝尝茶叶的味道。宫女将茶泡好，送到了太后面前。太后闻了闻，这茶果然清香扑鼻。喝了一口之后，太后的双眼顿时舒适了许多。太后越来越好奇，就几口喝完了茶。说也神奇，很快太后身上的红肿消了，胃也不胀了。太后高兴地说："杭州龙井的茶叶，真是灵丹妙药！"乾隆皇帝见太后这么高兴，立即传令下去，将杭州龙井狮峰山下胡公庙前那十八棵茶树封为"御茶"，每年采摘新茶，专门进贡给太后。至今，杭州龙井村的胡公庙前还保存着这十八棵御茶。到杭州的旅游者中有不少人都会专程去探访一番，拍照留念。

龙井茶（中国十大名茶之一）和虎跑泉素称"西湖双绝"。上面的传说虽然不知真伪，但是龙井茶和虎跑泉水的结合，绝对是人间难得的美味。

苏州观音泉

观音泉档案

观音泉位于江苏省苏州市虎丘山的观音殿背后,井口一丈余见方,四旁围绕着石壁。泉水终年不断,清澈甘洌。我们的"老熟人"茶圣陆羽与唐代诗人卢仝都评它为"天下第三泉"。

也许大家很奇怪,我们已经见到了好几处天下第一、天下第二,这"天下第三"也有虎跑泉和观音泉来争夺,那么,到底谁才是真正的"第一"、"第二"、"第三"呢?其实,不管是第几,都是人们根据自己的爱好选出来的。只是经常因为评论泉水的人名气很大,人们就以他的爱好来评定泉水的排名。不同时期,人们对泉水有不同的爱好,排名自然就不一样了。不同的名泉,自然有其不同的特色。如果一定要分出个一二三,反倒是失去了欣赏名泉的真谛。

观音泉泉井所在的小院清静幽雅,园门上刻有"第三泉"三个大字。这里又名"陆羽井"。据《苏州府志》记载:陆羽曾在虎丘寓居,发现虎丘泉水清洌甘莹,甜美可口,便在虎丘山上挖出一口泉井。因而这里被人们称为"陆羽井"。

观音泉有两个泉眼,同时涌出泉水。两股水流一清一浊,汇合之后,泾渭分明,绝不相渗。游人到此观赏无不惊叹两泉之水:"奇哉!观音泉。"观音泉既然以观音命名,当然就与观音菩萨的传说有关。民间传说,此地有雕刻的石身观音壁矗立泉上,观音手里的净瓶喷出两股水柱,一清一浊,清水赈济人间一切良善,浊水洗净尘世所有污垢,因此人们称呼这里为观音泉。

在苏州的著名景区虎丘,观音泉与憨憨泉、剑池等同为人们所乐道。观音泉是虎丘的胜景之一。

观音泉边揽景

　　观音泉所在的虎丘山，是著名的风景区。虎丘位于苏州城外一座仅30余米高的小山丘上，素以"吴中第一名胜"而著称。虎丘已有2500年以上的悠久历史，宋代大文豪苏东坡曾写过"到苏州不游虎丘，乃憾事也"的名言，这一赞誉使虎丘成为旅游者到苏州必游之地。

　　虎丘山名胜古迹众多，主要有"虎丘塔"、"天下第三泉"、断梁殿、憨憨泉、试剑石、剑池、拥翠山庄、万景山庄等。

　　来到虎丘，沿着山路而上，一路可以观赏到著名的"虎丘十八景"。十八景中，首屈一指的当属云岩寺塔。这座高塔又名虎丘塔，始建于隋文帝仁寿九年（601年）。一开始，塔身为木质结构，后来，木塔被毁。现存的虎丘塔建于后周显德年至宋建隆二年（959年—961年）。塔身是平面八角形，共有七级高。原来的塔顶毁于雷击，1956年重修时，在第三层的夹层内发现了大批石函、经箱、铜佛、铜镜、越窑青瓷莲花碗等珍贵的历史文物。虎丘塔多灾多难，从宋代到清末，曾遭到多次火灾的侵害，塔顶和木檐都遭到了不少的毁坏，因而虎丘塔最初的高度已经无法考证。现存的虎丘塔塔身高47.5米，全为砖砌，重6 000多吨。据资料记载，由于地基不稳的原因，自明代（1368年—1644年）起，虎丘塔就开始向西北倾斜，塔顶中心偏离底层中心2.34米，斜度为2.48度。因此虎丘塔被称为"东方的比萨斜塔"。今天，这座耸立于虎丘的山巅的千年古塔，已成为古城苏州的标志。

　　虎丘最神秘、最吸引人的古迹是剑池。从千人石上朝北望去，刻有"别有洞天"的圆洞门旁有"虎丘剑池"四个大字，每个字的笔画都有三尺来长，笔力遒劲。据《山志》等书记载，这些大字原为唐代大书法家颜真卿所书。多年之后，石面饱经风霜剥蚀，"虎丘"两字断落、湮没。后来，明代万历年间，一个名叫章仲玉的苏州刻石名家照原样钩摹重刻"虎丘"二字。因此，在苏州流传着"假虎丘真剑池"的谚语。

　　进入"别有洞天"圆洞门，顿觉"池暗生寒气"、"空山剑气深"，气象为之一变。举目可见两片陡峭的石崖拔地而起，锁住了一池绿水。池形狭长，南侧稍宽，北部微窄，模样颇像一口平放着的宝剑。当阳光斜射水面时，水光给人一种寒气森森的感觉。即便在炎夏，看到此景的人也会觉得凉飕飕的。水中照出一道石桥的影子，抬头望去，拱形的石桥高高地飞悬在半空。此情此景显得十分奇险。石壁上长满苔藓，藤萝野花又像飘带一样倒挂下来。透过高耸的岩壁仰望塔顶，有靠近深渊的感觉。这就是名闻中外的古剑池遗址。

剑池大约六十多步见方，深约二丈，终年不干，清澈见底。池水可以直接饮用。唐代李秀卿将剑池评定为"天下第五泉"。据方志记载，剑池下面是吴王阖闾埋葬的地方。此地之所以名为剑池，据说是因吴王入葬时，命人把他生前喜爱的"专诸"、"鱼肠"等三千宝剑作为殉葬品，同时埋在他的坟墓内。但是，《元和郡县志》却记载："秦皇凿山以求珍异，莫知所在；孙权穿之亦无所得，其凿处遂成深涧。"许多人想挖出这些宝剑，却都一无所获。只是他们的"努力"却把这里挖成了一个大坑，后来，此地就演变成为剑池。总之，剑池究竟是怎样形成的，吴王墓是否埋葬在剑池下面。说法颇多，莫衷一是。

拥翠山庄位于虎丘二山门内西侧，总平面呈长方形，占地一亩余，此园依山筑屋，层造而上，各建筑之间点缀峰石花木，有小园林之胜。山庄结合地形，巧借园外景物，布局灵活，视野开阔。在此可仰视虎丘塔，远眺狮子山，俯览虎丘山麓一带秀丽风景，别有情趣。

位于虎丘西麓的万景山庄汇集苏派盆景之精华，借山光塔影，恬美如画。虎丘后山植被茂密，林木丰富，群鸟绕塔盘旋，蔚为壮观，是虎丘风景区的一大亮点。

▲虎丘塔

观音泉边轶事

◆ 虎丘塔、第三泉传奇来历

相传太湖边有个上浜村。五代十国时期，列国纷争，苦煞百姓，大家都怕本地突然冒出一个皇帝，逼着大家去打仗。不料有一天，上浜村大白天里忽然乌云密布，雷雨交加。只听一声巨响，一座宝塔从天而降。当地百姓不知是福是祸，这时候，有个想做皇帝的人借机说："喜事啊，宝塔镇龙地，皇帝出这里。"

百姓一听，气上心来，男女老少动手砸塔，连塔身也砸得斜了。突然间，那座宝塔竟腾空而起。恰巧，齐天大圣大闹天宫后回花果山路过此处，见一座宝塔在空中飘荡，便用金箍棒一拨，准备带回花果山，但行到苏州西北上空，见虎丘景色诱人，忍不住手舞足蹈。大圣玩得高兴，忘了手中还拿着宝塔。宝塔从空中落了下来，扎根山顶。可惜的是这次还是没放正，有点斜。大圣手中吃剩的半个仙桃也落在半山腰，化成了半个石桃；夹在腋下的一壶美酒在山上砸开了一座"铁华岩"，砸开的泉水质甘洌。

相传陆羽亲手挖出了观音泉。另一位唐代的品茶高手刘伯刍，在遍尝全国佳水后评出前七名：镇江扬子江中金山上的中泠泉排名第一，无锡惠山石泉排名第二，苏州虎丘的石井名列季军。明朝正德年间，长洲知县重新疏浚泉水。观音泉从此留存至今。

◆ 虎丘试剑石的传说

虎丘山上还有一块有名的石头，形似被剑劈开，因而称作试剑石。关于它，还有一个曲折动人的传说。

相传春秋时期，吴王阖闾为了争霸天下，召来了当时最有名的铸剑师干将、莫邪夫妇为他铸剑。阖闾给他们三百童男童女，让他们杀死这些小孩子，"祭炉"炼剑，并且让他们保证一百天内铸出一把举世无双的宝剑。干将看到这些孩子都还幼小，不忍心伤害他们，请求阖闾放了他们，并且保证一百天内铸成宝剑。阖闾说："只要你炼出宝剑，我什么条件都答应你，但是如若你完不成，你连同这三百童男童女都将会死。"于是干将和莫邪来到了苏州当时的匠门砌炉炼剑（现在有一条贯穿苏州东西走向的大道正是为了

纪念他而取名为干将路）。他们集"五山之铁精"，"六合之精英"，在此处炼剑九十多天，但"不见青、黄"，于是将温度升高，仍不见出现黄白、青色烟气，熔液里总是有杂质还没分离出来。

莫邪看到干将满面愁容，心想如果宝剑炼不成，那么干将连同三百童男童女都将被杀。想到这一点，她舍身投入了火炉。霎时间，炉水变青，两把举世无双的宝剑终于出

▲试剑石，相传为干将、莫邪夫妇铸剑之处

现，干将给雄剑命名为"干将"，给雌剑命名为"莫邪"。然而，干将非常清楚吴王阖闾是一个暴君，他要的是一把举世无双的宝剑。如若干将继续存活，那么就可能出现第二把、第三把甚至更多的宝剑。干将心知此去献宝凶多吉少。满期那天，他提着"莫邪"剑来到了虎丘山，将此剑献给了阖闾。阖闾为了试其剑的锋利，对着一块石头手起剑落，石头瞬间被一劈为二。正

在阖闾想杀死干将时，干将拔出那把雄剑，"干将"剑突然化为青龙。主人干将骑着龙，直上云霄成为剑神。吴王只能望天兴叹。这就是有关试剑石的传说。

当然，这块石头不会真的是被宝剑劈开。石头上的"剑痕"，是大自然的鬼斧神工的杰作。而当地的人们惊叹于大自然的神奇，才创作了同样神奇的传说，使这块不平凡的石头拥有了更加长久的生命力。

◆狮子回首望虎丘

虎丘山上的名迹"致爽阁"，取诗句"四山爽气，日夕西来"而命名。清朝康熙八年间，这里被皇帝圈入行宫，成为皇帝南巡时候的居所。咸丰年，这里被大火烧毁，而现存的建筑是1930年宣愣和尚重建的。

▲憨憨泉

致爽阁修建在虎丘山的最高处。这里陈设的一套明式家具非常精致。在这里，远望可看到狮子山。这座山如同一头狮子，正伏着在地上回首望虎丘，此景就是著名的"狮子回首望虎丘"景观。和它相关的还有两段神奇的传说呢！

传说吴王阖闾在登上王位之前，命令手下的勇士专诸把"鱼肠剑"藏在鱼腹之内，刺死了吴王僚，从而为自己登上王位扫清了障碍。阖闾将死去的吴王葬在了狮子山。阖闾死后，他的儿子夫差将他葬在了虎丘山。狮虎遥遥相对。因为吴王僚是含恨而死的，所以狮子回首怒视虎丘，似乎在诉说他持续了两千多年的愤恨。

还有一个传说，秦始皇东巡来到虎丘，因为想占有传说中的宝剑，就准备挖阖闾的墓。不料，他却看到一只白虎蹲在坟上，于是，秦始皇拔剑去刺这只老虎，但是没有击中，却刺在了石头上。大石陷裂成池，也就是后来的剑池。再后来，这只白虎占山为王，危害人畜。曾在寒山寺"挂锡"的文殊菩萨坐下的青狮恼恨白虎作恶，就趁文殊菩萨闭目养神的时候，偷偷跑出山门，直扑虎丘，奋力将白虎斗死。不料时辰已到，青狮来不及赶回文殊菩萨身边，触犯了佛门戒律，只得跌落人间，化成石山的青狮回头怒望着虎丘，形成了这一独特的风光。

◆憨憨泉的故事

憨憨泉也是虎丘上的著名景观之一。为什么这眼泉水会有这样一个独特的名字呢？

相传梁代僧人憨憨法师，是虎丘山上庙里的挑水和尚。法师自小患有眼疾，但是他耳朵灵，心眼好。有一次，他挑水经过现在泉眼的所在（当时还是一块平地），不小心踩在了青苔上摔了一跤。他就想，是不是此处下面有泉水，才会生出这么多的植物，于是，他就在这里挖土寻找泉眼。一个村民见他瞎折腾，就笑他傻，戏言道，"如果能挖出泉水，我就变成一只大青蛙守在这里。"谁料话音刚落，地下就冒出一股清泉，喷到了憨憨法师的脸上。法师顿时感到一阵清凉，他惊喜的发现自己的双眼又重见了光明。而此时，刚才发话的那个农夫果然变成了一只青蛙，永远地守在了神奇的泉眼旁边。

大明寺泉

大明寺泉档案

　　大明寺泉位于江苏省扬州城西北部,蜀岗平山堂"欧阳修读书处"附近的大明寺西花园内。大明寺泉,水味醇厚,最宜烹茶,凡是品尝过的人都公认宋代欧阳修在《大明寺泉水记》中所说的"此水为水之美者也"一语,是深识水性后的结论。

　　如今,大明寺泉附近建有"五泉茶社",这是一座仿古的柏木建筑,分上下两厅。两厅之间以假山连接,上厅好像置身于蜀岗之上,下厅背临湖水,犹似悬架在湖水之中。游人至此,在饱览蜀岗胜景之后,入座茶厅内小憩,细细地品饮着用五泉水冲泡的江南香茗,既可举目东望观音山色,又可俯视清雅秀丽的瘦西湖风光,那才真是赏心悦目,烦心顿开,不虚此行呢。如若能再悉心领略方梦圆所题《扬州第五泉联》的优美意境,那就更令人流连于扬州的江山胜迹与梅月风情。

▲大明寺泉

大明寺泉边揽景

大明寺泉所在的大明寺，文化底蕴十分丰厚，历朝历代不乏丽辞华章来赞美这座名刹。大明寺既是一座佛教庙宇，也是一方风景名胜。全寺由大雄宝殿、平远楼、平山堂、御园、鉴真纪念堂、栖灵塔、天下第五泉等组成。

大明寺的山门殿兼作天王殿。这里是一处充满了佛教文化色彩的宝地。正门上额"大明寺"三字是赵朴初集隋代《龙藏寺碑》帖上的字镌刻而成，字体古风流溢。殿内供有弥勒像，背面为护法韦驮，两旁分立持国、增长、广目、多闻四大天王。

▲大明寺

走过天王殿，但见庭院开阔，古木参天，香烟缭绕。东有百年桧柏，西有百年黄杨，中有宝鼎两尊。走过一条花岗岩甬道，就到了大雄宝殿。大雄宝殿为清代建筑，面阔三间，前后回廊，檐高三重，漏空花脊。屋脊高处嵌有宝镜，阳有"国泰民安"四字，阴有"风调雨顺"四字。大雄宝殿内法像庄严，经幢肃穆，法器俱全。正中间，释迦牟尼大佛端坐在莲花宝台之上，被尊称为"大雄"。大佛两侧是他的十大弟子中的迦叶和阿难，东首坐着药师佛，西首坐着阿弥陀佛。佛坛背后是"海岛观音"泥塑群像。两边是十八罗汉像。殿堂佛像全部重新装修，金光灿烂，法像庄严。大明寺内僧人甚众，香火不断，游人如织。每年除夕，寺内举行撞钟活动，中外嘉宾云集此处，共同祈求新的一年中平安多福。

大殿西侧，有"仙人旧馆"门额，这里便是有名的平山堂。平山堂是游人放眼骋怀的好地方。堂前古藤错节，芭蕉肥美，通堂式的敞厅之上，"平山堂"三个大字的匾额高悬。平山堂是闻名遐迩的宋代著名政治家、文学家欧阳修受到贬谪，担任扬州太守的时候所建。可敬的是欧阳修不被世俗所羁，一到扬州，就爱上了蜀岗，于是他在此建堂安息。史书记载，每到暑天，公务之余，他就经常带着朋友们来此饮酒赋诗。他们饮酒方式颇为特别，常叫仆人去不远处的邵伯湖取荷花千余朵，分插百许盆，放在客人之间，然后让随从取一花传客，依次摘其瓣，谁轮到最后一片则饮酒一杯，赋诗一首。这种娱乐往往从白天持续到深夜，大家载月尽兴而归。这种游戏就是当时的击鼓传花。如今，悬在堂前的"坐花载月"、"风流宛在"等匾额，正是在追怀欧阳文忠公的逸事。

平山堂之西，是一座富有山林野趣的古典园林——西园。西园又名"御苑"，"芳圃"，始建于清乾隆元年(1736年)。咸丰年间毁于兵火，同治时期得到了重修。1949年后，又多次重修。如今，古园中古木参天，怪石嶙峋，池水潋滟，亭榭典雅，山中有湖，湖中有天下第五泉。据唐人张又新《煎茶水记》所载，这里的泉水在当时被品评为天下第五。今天，人们游历大明寺，仍以饮天下第五泉水为乐事。除此之外，园内还有"御碑亭"，亭中立着乾隆皇帝书写的御碑三块。园内山石高耸，苍松翠柏，荫翳天日。假山、池沼、亭台、馆榭等把园内装点得精美别致。游人走在园中，往往有"步移景变"的感觉。

大明寺最有特色的建筑是鉴真纪念堂。这座纪念堂是根据周恩来总理的亲自指示于1963年奠基的。修建纪念堂的目的是为纪念唐朝时期克服重重困难东渡日本，为两国人民搭建起友好桥梁的鉴真法师圆寂1200周年。纪念堂于1973年建成，整体

▲大明寺鉴真纪念堂

建筑坐北朝南。纪念堂四周高大的台基上有粗可两人合抱的檐柱，柱为腰鼓状，柱头斗拱三重，线条浑圆飞动，正殿中央树立着鉴真法师的干漆夹像，这是雕塑艺术家刘豫按照日本招提寺"模大和尚之影"建造的。人像结跏趺坐，合闭双目，神态安详。殿前的石灯笼是鉴真大师像返回故里时，时任的招提寺住持森本孝顺长老所赠。十多年过后，灯笼仍然长明不灭。站在灯前，不由使我们想起郭沫若先生对鉴真大师的赞誉："鉴真盲目航东海，一片精诚照太清。舍己为人传道艺，唐风洋溢奈良城。"

鉴真东渡日本前，曾担任大明寺住持。从唐天宝元年（742年）起，他历经十余年，克服重重阻力，尝遍艰险，终于在第六次东渡成功。鉴真大师将我国佛学、医学、语言文学、建筑、雕塑、书法、印刷等优秀文化介绍到了当时的日本，为发展中日两国的文化交流，增进两国人民友谊，做出了非常重要的贡献。

大明寺这座名扬四海的千年古刹，因其集佛教庙宇、文物古迹和园林风光于一体，而在历代享有盛名。大明寺是一处历史文化内涵十分丰富的民族文化宝藏。

大明寺泉边轶事

◆欧阳修与大明寺泉的故事

扬州大明寺位于扬州城北郊的蜀冈中峰，寺内有平山堂，传说是北宋庆历八年（1048年）二月欧阳修所建造的。欧阳修取"江南诸山，拱揖槛前，若可攀跻"之意，命名"平山堂"。平山堂之后为谷林堂，是苏东坡为纪念恩师欧阳修而建。谷林堂后为"欧阳祠"，是人们纪念欧阳修的地方。此外，大明寺中还有建于1973年的鉴真纪念堂。大明寺西侧，就是历来为人称颂的西园，建于乾隆元年（1736年），乾隆十六年（1751年）重修。西园又称平山堂御苑，园内凿池数十丈，瀹瀑突泉，庋宛转折。由山亭入舫屋，池中建覆井亭，上置辘轳，仿效古之美泉亭。亭前建荷花厅。缘石磴而南，石隙中又有井。明代僧人智沧溟在此处掘地得泉，挖出的就是这眼井。泉眼旁边刻着"第五泉"三字，主笔之人是明御史徐九皋。泉眼旁边是观瀑亭，亭后筑有梅花厅。以奇石为壁，两壁夹涧，壁中有泉淙淙。旧时，人们用竹管连成管道，用竹钉固定加固，然后把"第五泉"的泉水引来储藏。

平山堂西园的第五泉，正是张又新《煎茶水记》文中所列的"天下第五泉"。对此排名，欧阳修曾经表示过异议。欧阳修被贬官后，由滁洲太守转任扬州，做了江都太守。因仕途坎坷，怀志不遇，欧阳修常常出门寄情山

▲扬州大明寺平山堂

水，饮酒赋诗。一天，他来到大明寺。寺中老僧见来了州官，一面施礼，一面打发小和尚去泡香茶。老僧虽然知道来人的身份，却态度冷淡。他认为，欧阳修不过是一个被贬降职的官员，也许徒负虚名，胸中不一定有大学问。所以，老僧对欧阳修颇为轻视。

▲大明寺鉴真像

不一会儿，小和尚把茶端了上来。欧阳修呷了一口，就向老僧打听泡茶之水来自何处？老僧脸上顿时显出得意的神色，答道："这水汲自本寺里面的一泉，历来被称为'天下第五泉'。"欧阳修听了，不以为然地问了一句："请问师父，说它是'天下第五泉'，不知有何依据？"

"这是唐人张又新说的。"老僧答道，并找来张又新的《煎茶水记》，捧给欧阳修。

"张又新没有走遍天下，自然没有尝遍各地泉水，只凭想当然就把泉水分七等，这种做法并不足取。"欧阳修不客气地将了老僧一军。

老僧又搬出了茶圣陆羽，说张又新是根据陆羽所说而写的。镇江金山寺中冷泉为第一，无锡惠山石泉为第二，苏州虎丘石泉为第三，丹阳县观音寺泉水为第四，扬州大明寺泉水为第五，松江水为第六，淮水为第七。茶圣之论，岂能有错。老僧语气坚定，颇为自信。没想到欧阳修穷追不舍，紧紧追问："师父，诚然张又新的话出自陆羽，那么，陆羽又是根据谁说的呢？"老僧无言以对。

欧阳修十分认真地对僧人说："唐代的天下，滔滔长江在南，滚滚黄河在北。河、湖、泉、井不可计数。陆羽、张又新没有走过几州几府，他们所评七泉只限于东南一隅，谁能保证除此之外，长城内外、黄河上下、天府四川、苍茫楚地，再没有好水？陆、张两位并未品遍天下之水，就轻率地下此结论，这又如何可信。"他又说，凡事要调查实察，寻根求源，不可人云亦云，拾人牙慧。这一看法说得入情入理，让老和尚心悦诚服，甚为钦佩。

欧阳修从大明寺告别僧人回到府里，当天就写了《大明寺泉小记》一文。文中赞美了大明寺泉水"为水之美者也"，既未冠之"天下"，也没有说属于何等。文章写好，派人送给大明寺老僧人，请他指正。老僧人阅罢佩服不已，从此和欧阳修结成好友，来往甚密。大明寺的泉水，的确是清澈甘冽的宜茶好水，老僧虽然还是常向人们介绍，但不再说是天下第五泉了。这一传说一直流传至今，不过，人们仍习惯性地沿用天下第五泉的名称来称赞大明寺泉。

◆ **大明寺的传说**

说起大明寺，它的寺名还有这么一个传说。1765年，乾隆皇帝巡游到扬州。走到大明寺下，乾隆看到寺门上刻着"大明"二字。他认为这个名称会引起百姓思念大明王朝，因此下令将大明寺改为"法净寺"。此后，"法净寺"一名一直使用了200多年。直到1980年，为迎接鉴真和尚塑像从日本回到扬州展出，人们才将"法净寺"改回"大明寺"。

大明寺是一座非常重要的佛教

知识链接

鉴真，俗姓淳于，扬州人。少年时代，他就在扬州大云寺出家，被一位名叫智满的僧人收为沙弥。后来，鉴真曾先后出游了洛阳和长安，认真仔细地研究佛教经典，并跟从各家名师受教，博采众长，成为一代大师。他在佛教的建筑、雕塑方面也造诣很深，颇多建树。鉴真和尚游学归来之后，便在扬州讲授佛学，兴建寺舍，铸造佛像，抄写经卷，并救死扶伤，亲自为病者煎调药物，医德甚高。鉴真55岁时，担任大明寺的住持，在这里居住和讲学。

寺庙，历代名僧辈出。其中，唐代律学大师鉴真最为著名。当人们到大明寺游览时，很自然地就会怀念起那位在传播佛教与盛唐文化方面作出了卓越贡献的唐代扬州高僧——鉴真。这位高僧也正是大明寺闻名海内外的主要原因。

从630年开始，中日文化交流日趋频繁，成百上千的日本遣唐使先后来到中国，学习当时中国的先进文化，其中也包括了佛教的经典。唐代天宝元年（742年），在大明寺出现了中日文化交流史上值得纪念的一幕。当时的日本僧人荣睿，受到日本佛教界和政府的委托，来到这里聘请鉴真和尚去日本传授佛教的戒律。两国的僧人在大明寺中相会。虽然中日两国有大海相隔，当时的海上交通工具又比较落后，海路十分危险，但鉴真和尚以沧海不足惧的气概，欣然答应了日方的邀请。师傅的行为深深感动了众多的弟子，当时即有20多位鉴真的弟子要求随师傅到日本传教。从天宝元年至天宝七年，鉴真先后五次东渡日本，历尽艰辛、出生入死，但由于海上狂风大浪的袭击，再加上人事不利等因素，东渡均遭失败。前后有36人献出了生命，其中就包括肩负着邀请使命的日本僧人荣睿。

在第五次东渡中，鉴真在海上漂泊了14天之久，最后船被大风吹到了海南岛。返程途中，鉴真因日僧荣睿病故而心受重创，再加上过度劳累，天气炎热，眼病突发，造成了双目失明。尽管如此，鉴真东渡的志向并没有动摇，必遂本愿的决心更加坚定。唐代天宝十二年（753年），鉴真第六次东渡，历尽艰险，最后成功，终于到达了日本九州。第二年，鉴真抵达日本的奈良。此时，鉴真法师已是66岁高龄。鉴真在日本受到了盛大的欢迎，被尊为日本佛教律宗的初祖。他不仅为日本佛教界传授佛教戒律，还带去了唐代的建筑、雕塑、壁画等先进工艺。现存于日本的唐招提寺建筑群，就是唐代建筑技术保存于日本的一个例子。后来鉴真法师也故世在这座寺内。鉴真去世之前，他的弟子采用了干漆夹这一工艺，为师傅制作了一座写真坐像。

1963年，适逢鉴真逝世1 200周年，中日佛教界人士在大明寺举行了隆重的纪念会。人们还在大明寺举行了鉴真纪念堂的奠基仪式。鉴真大师不畏困难的精神，还有他传递下来的中日友好关爱，一直影响着后人。

招隐泉

招隐泉档案

　　招隐泉位于庐山东南石人峰山下，地处五老峰和大汉阳峰夹峙的深涧之中。唐代"茶神"陆羽评判道："庐山招贤寺下方桥潭水，第六。"说的正是招隐泉。

　　招隐泉同样是从山石的裂隙中缓缓流出的，泉水色清味甘，长流不竭。泉的四周砌石成井，以免水质遭受污染。据水样分析，招隐泉水含杂质极少，矿物质含量为为0.13克/升。这里的泉水同样也是优质的饮用泉水。

　　招隐泉的名字与唐代茶学家——陆羽紧密相连。"招隐"两字的来历相传有二：一说是陆羽曾隐居浙江苕溪，时人称他"苕隐"，招隐泉的名字由此演变而来；一说是由当时的大官吏李季卿慕名召见隐居在此的陆羽而来，因"召"与"招"同音，故后人将此泉称作"招隐泉"。

　　招隐泉旁旧有陆羽亭，曾是陆羽隐居煮茶的地方。"天下第六"的名号，就是他在这里评茶时作出的。

▲招隐泉

招隐泉边轶事

◆ 招隐泉由来

相传，当年陆羽为评定天下名泉，曾于唐上元年间（760年—761年）登庐山，下康王谷，评定"庐山康王谷水帘水（也就是前面说过的谷帘泉），第一"。此后，他又来到山上的栖贤寺整理考察记录，继续群招优质的泉水。当他走在通往招贤寺小道时，听到附近有珠落玉盘之声。走近一看，只见在一块状似龙头的山石之下，有一股清泉不断溢出。泉下是一潭穴，碧叶映在泉中，不减其翠。随即，陆羽用茶碗酌泉呷上一口，清冽中孕蓄着香甜，甘爽中蕴含着清凉。用招隐泉水烹煮的云雾茶水，汤色翠绿，鲜爽怡神，清香持久，最后，陆羽遂将招隐泉评为"第六"。如今，初建于宋代，并用石块围砌的泉阁，虽然缀满苍苔，但阁额上镌刻的"天下第六泉"五字依然犹存。招隐泉水也由于水质清明洁净，无色无味，为难得的优质饮用水源，为此，携水试茗者仍络绎不绝。

◆ 庐山的传说

招隐泉出自于庐山深处。有关庐山来源的传说多如山上的层云。庐山的美丽，勾起了无数中外游客对它的向往之情。不过，在当地，很多人却把庐山称呼为"驴山"，这是为什么呢？

传说，在秦始皇统治的时期，始皇帝残暴凶蛮，徭役繁重，调动全国民力修筑万里长城。百姓长年累月肩担背驮，怨声载道，大批的民工累死在工地上，真是惨不忍睹。这件事惊动了南海观世音菩萨。一天，她变成一个老太婆来到工地上，看到百姓们肩担重担，唉声叹气，就每人发一根绣花用的红线，叫他们把线缠在肩担头上。民工们依话而做，顿觉肩上陡然轻松，就像没有担子一样，他们不觉高兴得边走边唱了起来。

再说始皇帝这天也同往常一样视察工地，意外地发现民工们不像往日那样愁眉苦脸，更没有唉声叹气，大家脸上都露出高兴的神情，他感到莫名其妙。仔细一看，才发现每人扁担头上都缠着一根花钱。于是他找来几个民工一问，才知道是花线使他们减轻了负担。这时，秦始皇心想，要是用这些花线拧成鞭子，用它到海边去赶一座陡峭的山峰放在长城之处，不是一座天然的屏障吗？

他想到做到，当时就找来监工，把民工们的花线全部收来，织成一条五色鞭子。他拿起鞭子抽石头，石头飞跑；抽大树木，树木移动，威力真是大极了。

秦始皇得到这个鞭子后，就亲自来到南海边，选一座似刀削的有点像驴子一样的高峰挥鞭就赶，日夜兼程，前往北方。一天，始皇帝赶着高山来到九江一带，当地郡守忙着准备迎接皇帝陛下。

却说这位郡守是一位清正的官吏，他早就抱怨皇帝的荒淫无道，滥用民力，知道皇帝修万里长城主要是为了使自己毫无顾虑地胡作非为，因此十分反对。这次他听说皇帝得到一根宝鞭，并在前不久到咸阳朝见皇帝时还亲眼得见。心想，暴君若是把山赶到了目的地，那不就可以为非作歹，祸害生灵了吗？后果真是不堪设想。为此，这位为民着想的郡守终日眉头紧锁，唉声叹气。他的女儿知道这件事后，就对父亲说："爹，我们何不想个办法把暴君的鞭子偷过来呢？"郡守回答说："傻孩子，暴君把鞭子当成宝贝，终日拿在手上，就连晚上也抱在怀里睡觉，你能拿得来吗？""这……"女儿一时也想不出办法，过了一会儿，又说："我们就按那鞭子的样子编一个，再想办法换过来！"郡守深知女儿心灵手巧，定能编得一般无二，于是他连连点头。父女二人如此这般地商量了一番。

过了几天，秦始皇帝赶着山来到了长江边上，郡守率领官员隆重地将他接往官府，设丰盛的家宴款待皇上。酒菜都摆上桌了，郡守和女儿一左一右坐在皇帝身边陪酒。只见坐的凳子很特别，固定在离桌子有两尺多远的地方，要添菜就要站起来。始皇帝将鞭子坐在屁股下，以为万无一失，万万没有想到，就在他添菜的时候，鞭子被小姐调换了。

吃完饭后，皇帝又拿起鞭子准备赶山，可是将山抽了无数下，山也没有动半毫分，直到把鞭子抽烂了，山还是纹丝不动。这时郡守站在旁边绘声绘色地解释道："陛下，兴许是这驴子看到鄙郡风光好不想走了，您就开恩让它留下吧！"秦始皇无可奈何地丢掉了手中的烂鞭子，煞有介事地说："就依爱卿之言让它留下，寡人赐它名为'驴山'！"郡守忙谢恩。

秦始皇刚走，观音菩萨就来到郡守家，收回鞭子，仍旧将花线发给民工。不过这回民工们有了经验，把花线放在衣服内肩膀上，也再不在脸上表现出高兴的样子。

庐山就是这样得来的，直到今天，赣北一些乡村，还称庐山为"驴山"。

▲庐山

白乳泉

白乳泉档案

　　白乳泉位于怀远县城南郊，背依荆山，面临淮河，东和禹王庙隔河相望，西与卞和洞为邻。因为泉水甘白如乳，所以得名白乳泉。白乳泉水是难得的宜茶之水。

　　奇特的白乳泉是如何形成的呢？

　　原来，荆山是一座因地下的岩浆侵入作用而形成的山体，在山体的冷凝形成过程中，以及形成后山体内部受到内外地质力作用，形成了一系列缝隙、纹理和断裂。山中积累了许多地下水，而白乳泉就是在三组密集的山体内部纹理交汇处发育而成的。

　　白乳泉的泉眼背后后，有两人方可合抱的古榆树一株，枝叶茂盛，绿荫蔽日，酷暑季节，泉口四周也凉爽宜人。泉水从石隙中流出，在一米多口径的石坑中汇聚成一泓碧液。不过，现在我们见到的泉水清澈透明，同其"白乳"的名字似乎不相符合。据文献记载，苏东坡等人访问这里的时候，留下的文字还说"泉在荆山下，色白而甘"。可见，苏东坡确实看到了泉水色白如乳。这也说明，古人命泉确有水色依据。那么，我们现在看到的白乳泉水为何是无色透明的呢？

　　经过人们的长期研究发现，白乳泉的泉水显现出白色主要是因为水中含有某种离子成分或有较多悬浮物质、胶体物质而造成的。白乳泉周围分布着花岗岩一类（白岗岩）的岩石，这种岩石受到风化作用，地表部

知识链接

　　白乳泉原名白龟泉，相传唐贞元年间，泉内曾有白龟流出，因此得名。宋元祐七年，诗人苏东坡与他的两个儿子苏迨、苏过从河南赶赴杭州，路过此处时，见泉水奇特，就盛赞它为"天下第七泉"，并留下一首题为《游涂山荆山记所见》的诗："荆山碧相照，楚水清可乱。刖人有余杭，美石肖温瓒。龟泉木杪出，牛乳石池漫……"后来，人们把泉水的名字改成白乳泉，并且一直沿用至今。

分会形成白色的高岭土。在大雨滂沱之时，高岭土的细小颗粒悬浮在水中，或汇入地表河流，或流入地下，使水呈现"牛乳"状。由于地层的过滤作用，这种悬浮物质往往被分离出去，使涌入泉坑的水透明无色。但也有一些距地表较近和泉口相通的宽大裂隙，可将这些未经过滤的水输入泉口，使泉水浑浊发白。所以，古人命名泉水的时候，就是因为看到了这奇妙的景观，才得到灵感的。

白乳泉边揽景

白乳泉泉水芬芳清冽，甘美可口，泉边的风景也相当美丽。泉眼四周群峦叠翠，芳草如茵，古榆参天，柏林似海，景色迷离，清幽宜人，实为天然佳境。

清光绪年间，当地的乡绅李少五在泉水的南侧修建了大仙庙。后来，崇奉道教的"师吕道人"宫尔铎弃官回乡，拆除了大仙庙，改建一座吕祖殿并隐居于此。1924年，安徽督军马联甲赶赴亳州禁烟，路过此地，捐款在泉西北处建造瞭望淮楼。每当初夏雨晴，游人乘兴登楼，细品羽经，极目远眺，漫山榴火艳艳，长淮帆影点点，景色秀丽，令人神往。

望淮楼上留有历代文人墨客的名联，其中岭南廖康健撰联云："片帆从天外飞来，劈开两岸青山，好趁长风冲巨浪；乱石自云中错落，酿得一瓯白乳，合邀明月饮高楼。"这副佳对已成脍炙人口的佳联。白乳泉旁曾有黄庭坚、赵子昂、陈宏寿等书法名家的碑刻。1965年，郭沫若同志亲笔为"白乳泉"、"望淮楼"题字，使这处名胜格外生辉。

白乳泉泉眼位于"纯阳道院"的中央，径不过斗，四时不竭。泉水上方有一株数百年的老山榆树覆罩着。即使是炎夏盛暑，游客至此也会感到清幽宜人。泉水内多含矿物质，表面张力强，烹茶煮茗，芬芳清冽，甘美适口。茶水倾注杯中，能突出杯面一米粒厚而不外溢，且能浮起硬币，游人观赏，无不称奇。

泉东南有半山亭，原名梅风亭，亭的左下方有"双烈祠"。它是一座青砖小瓦、古朴无华的祠堂，周围松柏掩映，庄严肃穆。这是为纪念辛亥革命黄花岗起义中牺牲的宋玉琳、程良两位烈士而修建的专祠。

白乳泉边养的一千年白龟更是神奇。白龟体重为1.64千克，壳长238

毫米，龟头和颈部呈乳白色，腹，背部生有均匀对称的黑色花纹64枚，其中龟形纹2枚，龟爪呈龙爪形，鳞片厚3.8毫米，后腿呈象腿形，看到它的人无不赞叹。

白乳泉东面数十步，绿林深处有一座大圣寺。建于宋雍熙元年（公元984年），元朝末年在战乱中废弃，明朝洪武五年（1372年）重建，正德、嘉靖、万历年间迭有修葺，现已残破。

大圣寺后原有南坛，或名神祇坛，亦名风云雷雨山川坛，建于明洪武三年，系古人祈祷年丰国泰之所，现已辟为花圃，广植名花异卉，秋菊春兰，使林泉大为增色。

此外，在泉的左边建有望淮楼，登临远眺，景色壮美。

白乳泉边轶事

◆白乳泉传奇源头

据史料记载，春秋时楚人卞和在荆山采得一块价值连城的璞玉，敬献给楚王。因宫中玉工不识其宝，卞和先后以欺君之罪被楚厉王和楚武王砍去双足。等到楚文王即位，卞和抱着璞玉，在荆山之下痛哭失声。文王被卞和的赤诚之心所动，派玉匠剖开石头，终于琢成一块世之罕宝——和氏璧。传说白乳泉就是从卞和眼泪冲刷成的石坑中显现的。这一传说给白乳泉赋予了更多神秘和浪漫的色彩。

◆传说中的和氏璧

公元前722年，春秋时期，这年的秋天，风和日丽，楚国人卞和同往日一样，到荆山（今天湖北漳县）砍柴，挥汗之间。只见祥云炫耀，一只美丽的凤凰，昂着脖子，拖着金碧闪闪的翎子，矜持而傲慢地栖在一块青石上。华夏自古有"凤凰不落无宝地"的传说，卞和认定这块凤凰栖立过的青石，必定是绝世珍宝，就将它搬到山下，献给楚厉王。谁知经过宫廷玉工辨识，被认为是一块极为普通的山石。

厉王大怒，为惩罚卞和欺君之罪，当即砍掉了卞和的左足。楚武王即位，卞和抱着青石又去献宝，仍被有识之士判为普通的石头，结果又被武王砍去了右足。

珍藏中国 中国的名泉

若干年后，武王的儿子文王即位，失去双足的卞和坚信青石是传世瑰宝，依然想去献宝，无奈他失去了双足无法行走，无法将他亲眼看见凤凰停留过的宝贝上呈君主，便抱着"石头"痛哭不停。

哭了三天三夜，卞和泣声不止，消息传到宫廷，文王听说这件事，立即派出大臣和玉工迎接卞和，又命玉工开青色石头，果然从中得到了一块光滑滋润，完整无瑕，晶莹洁白的美玉。文王将玉精工雕凿成一块玉璧，世人就用卞和的名字命名它为"和氏玉璧"。

三 中国著名温泉度假胜地

北京九华山庄

山庄情况

北京不仅仅是伟大祖国的首都，还是一个有名的旅游城市。北京有很多有名的建筑，比如故宫、长城、颐和园等等。除此之外，北京也有很多珍贵的自然资源呢！

小汤山温泉就是北京最为有名的温泉。那么，小汤山温泉在北京的什么地方呢？

九华山庄就是小唐山温泉的所在地。山庄是一座40万平方米的现代经典皇家园林建筑群，位于北京市昌平区，这里有一座拥有千年历史的温泉古镇——小汤山，是京城的上风上水之地，小汤山地下拥有国内首屈一指的地热淡温泉。这座昔日的皇家温泉行宫发展至今，已是闻名遐迩的国际温泉度假胜地和人们心驰神往的健康乐园。

小汤山温泉如此有名，那么这里的温泉是怎样形成的呢？

小汤山温泉"生长"于远古的岩石形成裂隙中，水温大部分在40℃～60℃，最高可达76℃。温泉水中含有多种矿物质和微量元素，矿物质含量（也称矿化度）能够达到大于每升800毫克，泉水具有很高的医疗价值。它的外观淡黄清澈，水质甘秀甜美，含有锶、锂、硒、偏硅酸等多种与人体生理机能有关的矿物元素，因而具有神奇的医疗、保健价值。

小汤山的地热温泉历史悠久，享有盛名，以面积大，埋藏浅，范围广而著称。温泉水的利用可追溯到南北朝。南北朝时，魏人郦道元在《水经注》中已有关于小汤山温泉的记载，这一记载距今已有1 500多年的历史。元代更把小汤山温泉称为"圣汤"。小汤山温泉用于医疗洗浴，早在《大元一统志》上就有记载。清朝时，康熙、乾隆皇帝在小汤山修建了行宫，并御笔题词"九华兮秀"。慈禧太后浴池遗址至今仍然保存在这里。

九华温泉水疗中心，以著名的小汤山温泉演化出的50多种温泉药浴，配以中医护士的点穴按摩，佐以宫廷秘方配制的九华特制药饮、药酒，使人有脱胎换骨的感受。名医名师的咨询指点，气功大师的现场传授，更让游客得到了健康的启迪，心身受益无穷。

目前，九华山庄是一家的集商务会议，休闲娱乐和医疗保健为一体的温泉度假型五星级酒店。

▲北京九华山庄温泉浴池

九华山庄拥有丰富多彩的温泉、保健、娱乐、运动项目。露天温泉主题公园、室内温泉游乐宫、温泉游泳馆、各种保健养生项目、大型室内嘉年华、游艺室、保龄球馆、室内网球场、羽毛球场、各种球类室、健身房、棋牌室及夜总会、KTV包房等令人目不暇接，让旅游者的休闲度假生活快乐无限。

山庄行宫

九华汤泉行宫是九华山庄斥巨资，历经十年修建起来的一座大型温泉主题公园。当你畅游在这座行宫中，会不禁想起当年静静躺卧此处的那座皇家行宫。而今，若非特意寻觅，路过行宫遗址的人们也会对它视而不见——残垣颓井旧石废坑，实在是没什么引人之处。

而当年，这里却是皇帝禁苑。因此处有温泉，小汤山被辟为明清帝后龙浴之处，常人不能进入。说这里是北京城的华清池，并不为过。《日下旧闻考》记载："汤山在州东南三十里，有温泉可浴。""汤山下有温泉，行宫在焉。"《光绪昌平州志》更为详细地记载了修建行宫的时间为"康熙五十四年建"，即1715年。行宫当年颇具规模。南面为前宫，习惯上称原行宫。乾隆皇帝又把行宫向北扩展，建成一座清幽的园林，为后宫。前宫是皇帝处理政务之处，后宫建澡雪堂、漱琼室、飞凤亭、汇泽阁、开襟楼……这些美丽的景观在八国联军的铁蹄下早已不复存在。现在我们能够看到的后宫仅仅是修复后的遗址公园，做疗养院之用。

现在，原有的前宫正殿和东配殿已经荡然无存，只有殿前两个汉白玉砌成拉长的六边形池，一东一西，整齐对称。池子巨大，近两米深，下面又有一汉白玉的长方池，再下1米，才是一口直径1米多的圆井。井石上钉着铁锔。东侧池的井靠北，完好；西侧池的井靠南，部分砖已倒塌。井底早已干枯。井边长着荒草。有人分析，六边形池下压着长方形池的一角，六边形池是后建的。这也印证了康熙是在明代的基础上又建了行宫的说法。不管怎样，这里泉水充足，川流不息。六边形池上有石洞，泉水从石洞流向东西两侧的配殿，供皇帝御用。东侧的石洞上还装有铁管，据说正是利用了泉水的流向而建的。康熙皇帝非常喜爱这里，曾有《温泉行》诗一首："汤泉泉水沸且清，仙源遥自丹砂生，沐日浴月泛灵液，微波细浪流踪峥……岁时来往护仙跸，点笔为赋温泉行。"

小河拦住了游人向北行走的路，于是只有沿着怀碧桥进入后宫的大门。登桥北望，映入眼帘的是亭台石桥，湖光山色，隐约让人联想到当年的盛景。怀碧桥为石拱桥，建桥的石板有些还是当年"原版"的。1957年1月，郭沫若在此游览，兴致所至，试和毛主席诗韵，题写了一首《念奴娇·小汤山》："京畿左翼，小汤山，一脉温泉无色。广厦万间新建立，引入玉池清澈。冬日疑春，朔风孕暖，溪内游龟鳖。华清何似？令人高下难说。小停怀碧桥边，荒池待理，犹自封冰雪。遥指颓楼思往事，人道胜朝末截。那拉常游，浴宫已毁，独乐亡家国。请看今日，兵民同享温热。"这首诗细致地描写了温泉的景象。

向前行，路边置放着几块石材，精致的浮雕令人想象到当年建筑的水平。前面就是荷池。池塘四周是用石头围成参差的堤岸，就像一片侧看的荷叶。荷池中有块块的石头，点缀出一座小桥，可以穿行池间，赏玩荷花。当年荷池里种的是金边荷花，荷花美且花

▲九华山庄汤泉行宫

期早，能与芍药相遇，引得乾隆皇帝折上一枝，插入胆瓶中观赏，引发诗兴："霞翦衣裳恰五铢，清和春色满仙壶。温泉浴罢娇无力，扶起身边有念奴。"只可惜，珍贵的金边荷花现已绝迹。皇帝用过，慈禧也不例外。据说这里的宫女常常在四周拉起帷幔，皇帝、后妃们则往往享受露天沐浴的快乐。

登上十几个台阶就到了山顶。有人说这座山是人工堆出来的，因为一些山石有码放的痕迹。但从大多山石层岩的走势看，又像是自然形成。这么小的石山也算是比较少见。山顶上石头众多，当中一块巨石上，朱笔四个大字"九华兮秀"。字体圆润有力，字下并无题款。据说是乾隆外出游玩，回来心情畅快，情不自禁，说出了这四个字，于是御笔一挥而就。对于"兮"字，还有不少争议，有人说是"分"，也有人说是"含"。传说归传说，不论是不是乾隆的御书，总之，这肆意的一笔，给后人带来许多的"麻烦"和想象。

乾隆皇帝常常来这里玩赏，他还在这里留下不少御制诗，足见汤山温泉行宫的魅力。《光绪昌平州志》记载：康熙时"设八品总领一人，无品级总领二人，效力笔帖式二人。"而乾隆皇帝不断增加编制："乾隆四年增设副总领一人，六年又增设总管一人，效力笔帖式二人。"行宫需要重点保护，设"守护千总一人兵九名。"行宫里面的"苑户原定七十名，乾隆十二年裁三十名。每名月给银一两，米一斛。各项匠役各给地三十亩，月给银一两，米一斛。"看来，这小汤山龙脉温泉广场里的皇粮还是很丰厚的。

走到这里的游人往往心生疑窦：为什么到现在为止，所在的地方还是叫做竹竿山？传说中的"汤山"去哪儿了呢？

原来，距现在的"行宫"几百米远，有一村落，名为小汤山村，村里有一座小石山，称小汤山，比竹竿山还矮。当地人讲，距此几里远，有一座几十米高的山，三四里长，一里多宽，名为大汤山。而《光绪昌平州志》中记载，汤山分大小两座。小汤山"西至大汤山二里"。看来，大小汤山相去不远。不论志书所指的汤泉是哪座汤山，两山的地层结构应该是相通的，且这里的泉水最为宜人。

由此观之，当年决定修建行宫的皇帝是极具眼力的。

海南皇冠假日滨海温泉酒店

走进皇冠

　　海南省是我国纬度最靠南的一个省，它是我国大海上一颗璀璨的明珠。海南岛自理位置特殊，岛上也有很多独特的温泉在等待着我们。

　　海南皇冠滨海温泉酒店坐落于海南岛东北海岸，拥有大型独立会议中心、温泉水疗中心及私人专属沙滩。集温泉、酒店及度假特色为一体的建筑与镶嵌其间的泰式、加勒比式及巴厘岛风格的特色园林，还有美轮美奂的水榭亭台交相辉映，使这处别具特色的度假胜地充满浓郁的异国风情，充分展现了海滨花园式度假酒店的高雅魅力与自然清新的氛围。

　　顶级美食在这里随处可见。无论室外主题餐厅、咖啡厅、酒吧、泳池吧、乡村吧等等，在提供世界各地美味佳肴同时，更让游人感受精彩的异域文化。

▲海南皇冠滨海温泉酒店

海南温泉

海南岛是中国的一颗璀璨明珠，这里有着丰富的自然资源。海南岛是一个健康岛，长寿岛，阳光岛，这里不仅有广阔碧蓝的大海，还有温暖滋润的温泉。海南的温泉密度居全国之首。如此众多的温泉，又是怎么冒出来的呢？

海南岛地处环太平洋地震带，地质构造复杂，地热活动十分活跃，所以地热资源相当丰富。据勘察，海南岛陆地面积34 000平方千米，现已探明的温泉有34处，平均每1 000平方千米就有1处温泉。

海南岛的温泉呈现出一种对称性的分布，也就是说温泉集中分布在海南岛的东南部和西北部，而且比例相当。温泉的分布主要受地质构造的控制，其次是受地形的影响。由于海南岛的地形是在地质学上被称为为"穹隆地形"的隆起结构，地质构造主要为北东走向，所以温泉主要分布在东南部和西北部，各占温泉总数的50%。海南省现已发现和探明的34处温泉，主要分布在东南部沿海地带，以及西部沿海和北部内陆，具体地说，海南岛东南部的温泉分布在文昌南部、琼海东部、万宁东部、陵水南部和三亚南部；而西北部的温泉则分布于东方西部、昌江中部、白沙西部、儋州东部和澄迈南部。

海南岛的温泉资源得天独厚，它们或依着山，或傍着海，或"长"在河边，或"冒"在田里，其分布与大自然浑然一体，相映成趣。

◆九乐宫温泉

九乐宫温泉位于澄迈县西南部西达农场境内，九乐山北侧。该处年平均气温23.5℃，温泉地带长2千米，现有自喷泉多处。其中两眼地矿热水深井日涌水量5 460立方米，从古至今长流不息，且透明无污染，水温57.1℃，氟含量11.7毫克/升，偏硅酸含量104毫克/升，并含有多种对人体有益的元素，对治疗胃溃疡、风湿关节炎和各种皮肤病有较好疗效，其他各项指标均达到国家规定的医疗热矿水标准。九乐宫温泉以其良好的医疗保健功效在国内闻名遐迩，是海南岛上最理想的沐浴疗热矿水，这里的泉水也被当地人称为"洁身龙水"。

关于九乐宫温泉，当地还有一个动人的传说。

相传，以往天上王母娘娘一年一度的蟠桃会都是在天宫召开的。一天，南海观音菩萨提议，年年蟠桃会，年年天宫开，何不放到具有浓浓热带海岛风情的南海？

王母娘娘和玉皇大帝觉得可行，便命天上和人间主管神仙，协同八方土地，一起到南海巡游。游到一处，只见祥云汇集，花香阵阵，瓜果芬芳，烟雾蒸腾，觉得诧异，便问一方土地，土地答道，"此乃琼州一方沃土，叫九乐万果园。花香阵阵，瓜果芬芳，来自万果园；烟雾蒸腾处乃一池温泉热汤……"众仙喜不自禁，既有果园，又有热汤，还可以尽赏南国风情，岂不乐乎？

众仙回到天宫禀告，再加上玉皇大帝通过天界和地界众仙，特别是听南海龙王说他的几个龙女，曾经在九乐温泉热汤中洗曜沐浴，乐不思归，才知道九乐山下还有这么一个好地方，一个风水宝地。王母娘娘听说凡界有这么一个好去处，非常高兴。玉帝见母亲大人这样高兴，就定下这一年的王母娘娘蟠桃会就设在九乐万果园款待众神仙。并且定下，如果确实很好，蟠桃会隔年在这里举行。南海众仙喜不自禁。

蟠桃会所用瓜果除了九乐万果园和南国其他各地时令花果之外，还有北国仙山上的水蜜仙桃，南北时令名贵花果，汇集九乐山下，把个九乐山下的九乐万果园，点缀得花团锦簇，艳压群芳。

准备得差不多了，南海观音和众神仙忙得不亦乐乎，就等吉日到来。俗话说，天上方一日，地上已一年。等待可以让人变得懈怠和松散，神仙也不例外。

就在众神仙吊儿郎当等待时，正巧海龙王三太子到此一游。他听龙女妹妹说这里有好吃、好玩的，挺不错；特别是能经常到这里用温泉沐浴，可令肌肤细白滑嫩如凝脂。

海龙王主宰整个滔滔南海，神州四大海，南海数一数二，那海龙王的公子在南海，好吃、好喝、好玩，还不是举手之劳。

他按下云头，想看看究竟。不看还罢，一看不得了，花果飘香，灿烂辉煌，嚯！不会是到了孙猴子的花果山了吧！而且这花果山看上去倒没什么人看管。海龙王的公子一寻思，那我就下去吃个痛快！

这公子哥儿趁着众神仙不注意的机会，是又吃又糟蹋，折腾得兴头起来还撒尿在那些花果上，然后悄悄溜走了。

这祸闯得可不轻！这位浪荡公子做梦也想不到，王母娘娘的蟠桃会会放到这名不见经传的地方举行。不凑巧的是那天孙大圣云游四海刚好经过此地，见下界热闹非凡，不禁按住云头驻足观望。因为盛会被搅乱而生气的众神仙发现他在附近，都认为刚才的"好事"一定是孙猴儿干的。当年他就大闹天宫、搅乱蟠桃会，还到处撒尿，这回的场面如同一辙，不是他做的坏事，还能是谁？

"蟠桃会又被孙猴儿搅乱了"，接到各路神仙的报告，王母娘娘被气得半死；玉皇大帝没办法，一张状子告到如来佛那儿。孙猴儿触犯天条太多，如来佛将他压在五行山下近五百年。一天，观音菩萨专程前来他被压之处看望，猴儿大呼："菩萨救我！菩萨救我！我冤枉啊！"菩萨说："自有救你之人。"然后训斥道："猴儿！！你作恶太多——南天门蟠桃会你捣乱也就罢了，这次九乐山万果园你又来作恶……"孙猴儿继续大喊冤枉。"果真不是你？"观音惊诧万分。"果真不是我。"

菩萨觉得猴子这次真是被冤枉了，就为他指点迷津，告诉他自有解救之人，五百年后唐僧到此将孙猴儿救出，师徒一路西天取经，终成善果。

▲九乐官温泉

被搅后的九乐山蟠桃会终于没能举行。但所遗留的仙踪佛迹却一直流传到今天。当年南海龙女沐浴的九乐温泉给人们带来的种种好处，并且一直延续到今天。

◆南田温泉

南田温泉位于三亚的南田农场境内，与蜈支洲岛隔海相望，乘游艇上岛只需15分钟。东去10千米是猴岛，南走19千米是亚龙湾，西行30多千米是天涯海角。南田温泉紧靠海榆东线国道和高速公路，距离国际凤凰机场30千米，交通十分便利。

温泉单井日自喷水量3 726立方米，水温56℃，矿化度高，自流量大，世界罕见，堪称"神州第一泉"。南田温泉含有多种对人体健康有益的矿物质和微量元素，属医疗氟—硅热矿水，不仅有益皮肤健康，还能对体内各系统的机体产生良好的影响，能良好地调整人体植物神经的紧张性，改善体质，增进健康。

南田农场对温泉进行了开发，建成了温泉游泳沐浴场、莲花湖、鸳鸯湖等一系列娱乐设施和景观，除此之外还开放了大型的儿童动感池及温泉泳池，与周边的环境相结合，一池一景，绿色的椰树掩映下，各色高低温小型温泉池错落排开，葱翠的绿色植物像一道自然的屏风，将各个小温泉池隔开，为好友聚会创造了一个良好的私人空间；喜欢热闹的游人不妨选择大型温泉泳池或者儿童动感池，别具一格的儿童动感池上用竹子搭起了一座竹楼碉堡，碉堡顶上一个活动的大水桶设计更是独具匠心，当水装满之后水桶会自动翻倒，一桶水顺着碉堡顶上的茅草往下倾倒，制造出了意想不到的效果，孩子们欢快乐、清脆的笑声此起彼伏。更让孩子们流连忘返的是旁边的水上滑梯，长长弯弯的滑道，从顶上嗖嗖地滑下去，"哗"的一声滑落到水

▲南田温泉

▲兴隆温泉

中，溅起朵朵开心的浪花。

◆兴隆温泉

兴隆温泉地处万宁东郊的兴隆华侨农场境内，是海南最早开发的温泉，号称"世界少有，海南无双"。

以前当地居民就利用它来洗浴，后来共打出了20多眼温水孔和5眼热矿水孔。兴隆温泉水中含有对人体十分有益的多种微量元素和氡，因此具有较高的医疗价值。由于可溶性二氧化硅和氟的含量较高，称"氟硅水"。喷涌的温泉水溅出串串水珠，犹如沸腾的玉泉，雾气缭绕，水温达40℃~70℃，对关节炎、脊椎炎、皮肤病和神经衰弱等均有疗效。

温泉也成为当地每个酒店共有的特色，虽每个酒店的风格都有所区别，**但大致都是围**绕整个兴隆的热带风光来建，绿草如茵，一派田园风光，座座**造型美丽的**小别墅散布其间，配备温泉泳池、温泉桑拿室，室内24小时供应温泉水，更有电子娱乐场、网球场等完善的娱乐设施。

海航康**乐园**温泉大酒店的温泉是兴隆温泉中比较有代表性的，棕榈泉游泳池旁有**两个水温不同**的温泉池，正好满足不同的温度需求，如果嫌热也没关系，**泳池的**水是凉的。温泉池一般是在晚上6点以后才热闹起来，柔和的灯光下**椰树叶**子随风轻轻荡漾，不远的棕榈亭里飘出淡淡的烤肉香，如果是和**朋友结伴**而行，可以先在泳池里打打水上排球，尽情嬉闹，再跳入温泉池，和知心朋友在蒸腾的水汽里聊天说说心里话是件难得的美事。也可以选择独自一人闭上眼睛让心情恍惚在水汽氤氲之间。这里的别墅有大大的阳台和露天的温泉池，把竹帘垂下就可以"天体"泡温泉了。喝一口醇香的兴隆咖啡，躺在阳台的池子里，酒店花园旁的太阳河、高尔夫球场还有远处的青山皆收入眼底，或喜或忧都在这一刻归入平淡。无论如何，游客到这里疗养洗浴泡温泉，有一种脂肪在燃烧的感觉，水中观舞，池边听乐，伴着花香洗去一天的劳顿和困倦，去尽情享受大自然赋予的恩泽。

◆蓝洋温泉

蓝洋温泉，位于儋州市蓝洋镇蓝洋农场内侧，距儋州市12千米、海口市149千米。该温泉带长6千米，宽500米，占地2平方千米，日自流量达2 000吨以上，是海南较大的温泉之一，有自然泉眼十几个，平均水温78.4℃，偏硅酸及氟含量达到医疗热矿水的命名标准，氧含量达到矿水浓度标准，含有锌、锶、锂、溴等人体必须的微量元素，具有温高、恒质、恒量和无异味等特点。对治疗风湿性关节炎、皮肤病及心血管系统等疾病均有疗效，是理想的保健氡泉。

蓝洋温泉四周由莲花岭等数十座形貌奇特的山峦环抱，峰岭起状，层峦叠嶂，沟谷纵横。裸露的岩石无不奇形异状，千姿百态，引人遐想。被称为"海南第一洞"的观音洞有上中下三层，总长500多米，洞中有洞，幽深曲折，奥妙无穷。

早晚时刻，温泉周围烟雾缭绕，热气腾腾，景色奇异。泉区内景点众多,特别是"一石之隔,有一热泉、一冷泉,冷热分明"的冷热泉,世上罕见。蓝洋温泉内林木茂密,五彩缤纷,森林覆盖率90%以上。热带季雨林、次生阔叶林、各类经济林、果木林等植被景观丰富多彩,各种类型的热带植物分布林间,这座绿色的宝库具有很高的科研价值和旅游价值。区内已建温泉公园、蓝洋温泉度假村和一批温泉度假设施。这些旅游设施与观光果园、观光花园、观音洞、莲花岭瀑布等组成一个特色鲜明的温泉旅游度假区。

◆白石岭颐温泉

颐温泉位于海南省琼海市白石岭风景区,占地面积328亩。颐温泉是"易医"结合为养生特色的专业温泉养生之地。易医养生与温泉水乳交融,人与环境和谐共处,形成天人合一的养生境界。

颐温泉有如充满视觉幻想的华清池;颐温泉由冷热泉眼构成,让你体验一种混沌状态之阴阳变幻乐趣的濯足井;颐温泉有充满文化气息的文化表演。

颐温泉的八乐汤、六润汤和四名木汤,让你感受到"一池遥望,百媚生"的情趣,让你在赏白石岭、听泉私语中体验到身心合一,天人和谐的仙风道骨般的意境;颐温泉的琉璃飞瀑泉、十二地支音律地热床、喷雾盐浴、中医按摩和中医诊疗,让你感受到充满文化气息的传统保健和充满以人为本的现代保健给你带来的愉悦;颐温泉的冲浪池、温泉喷柱游泳池、儿童游泳池、滑梯和泥沙嬉戏,似乎在告诉我们"原来温泉还可以这样玩",也让我们体验到了将动感进行到底的快乐。

◆尖岭温泉

尖岭温泉位于万宁市西北部山区的北大乡尖岭山沟,距万城镇20千米,是个山清水秀的自然风景区。

尖岭温泉有温泉五眼,分布成弯月形,大的近一平方米,温度高的有70～80摄氏度。这五眼温泉含浓度较高的硫黄及多种矿物质,可防治疖疮、小泡、汗斑等多种皮肤病。

每当阴天低温或天气突变,只要有人站在泉旁边燃放鞭炮或将火把、香把点燃挥动,泉眼上便烟雾缭绕,翻滚升腾,景色奇异。据有关人员分析,这种奇特的现象,是由于五眼温泉的水温高,造成温泉上方的气温比周围气温高得多,加之五眼温泉位于山沟,风的影响较小,因此温泉上方的热空气有一股较强的上升力。在阴天低温和天气突变时,温泉附近的气温与周围的气温差异更大,热空气上升的速度变化更大,当有人在温泉旁舞动火把或燃放鞭炮时,烟雾随温泉上升的热空气的席卷而滚滚升腾,从而产生了上述的景观。

尖岭温泉的一大特色是含浓度高的硫黄及多种物质,能提神醒脑,消炎解毒,可防治疖疮等多种疾病。尖岭温泉已建起了三处面积十多平方米的台阶式积水池和五个洗浴池,供游客观光洗浴、防病治病。

◆官塘温泉

官塘温泉位于东线高速公路琼海温泉出口处3千米,坐落在白石岭山脚下,总面积20多平方千米。

官塘温泉热矿水日流量达万吨,温度70℃~90℃。经专家测定,泉水有益元素丰富,属含氟、硅、锶的低矿化度、低铁的氯化物重碳型热矿泉水,可用于医疗、疗养、沐浴等。

官塘温泉的硫化氢含量较高,被俗称为"鸡蛋臭"温泉,实际上它的学名是"硫化氢泉"。其水质中氡的含量较高,所以官塘温泉又是有名的"放射性氡泉"。医学专家认为,通过浴疗法,硫化氢泉对人的皮肤、心血管、呼吸系统、神经系统和肾功能皆有良好影响,且氡泉疗法对人体的多种症状皆可适用。

官塘温泉面向秀丽的万泉河,背靠雄伟奇特的白石岭,地处官塘热矿水区域腹部。整体设计独特,格调浪漫,一条中国式庭园廊道,将主楼、客房、别墅、保龄球馆等亭台楼阁连成一体,是旅游度假、疗养休闲的人间仙境。

◆七仙岭温泉

七仙岭温泉旅游区位于保亭黎州苗族自治县的东北边,在县城保城镇东北十余千米处,是海南省有名的旅游风景区。

七仙岭的七座山峰好似人的掌指竖立,直指苍穹,所以才有了这个名字。这里的前峰高大,海拔1 107米,后六峰相依而小。当晨雾覆盖时,远眺中的七指岭,酷似七位姐妹披着薄纱直立,端庄窈窕;时近中午,云雾消散,此时的七指岭又像七把利剑直指天空,气势十分雄伟,属海南岛的名山之一。

著名的七仙岭温泉在七指岭南面山脚下。这儿是一片低洼地,峻峭七峰为屏,背枕青山,胶林如海,椰林婆娑,槟榔亭亭,红棉披绸,野花飘香。温泉热气袅袅升腾,如云似雾,有如天宫瑶池。

整个温泉区约有一平方千米宽,分布着25个温泉眼,水温大多数在70℃左右,有些高达100度。在温泉区的北侧,有一个天然形成的巨大的温泉池,水深齐腰,水温适中,适合沐浴。

此泉池之水是由两股热泉和一股冷泉汇合而来,在什那溪中游汇合在一起,使得这段溪水的温度长年保持在30℃左右,正适宜人们沐浴游泳。据当地人们说,常在此处洗澡可除湿祛风、止痛止痒,治皮肤病,舒筋活络。池畔有两株姿态奇异的老树,一似河马游于水中,一似仙鹤翘头伫立。池面热气蒸腾,宛如纱帐轻轻笼罩,极为奇特。

在七仙岭温泉游览,既可观赏秀丽的山水风光,又可在温泉中沐浴,在什那溪的暖流中游泳,真是乐趣无穷。

美丽的海南岛上,还有更多神奇的温泉等着我们去游玩、去探险。有空的话,一定要去天涯海角走一圈,以感受祖国的壮美和宽广博大。

▲七仙岭温泉

广东中山温泉宾馆

中山温泉

  中山温泉坐落于中山市三乡镇雍陌村罗三妹山南麓，毗邻港澳，向北到城区有20千米，往南到珠海、澳门分别为15千米和26千米，至石岐城区24千米，离孙中山先生故居翠亨村10千米，临近京珠高速公路和105国道。中山港、九洲港、珠海机场近在咫尺。这里交通便捷，环境优美，吸引了大量游客前来参观、休息。

▲中山温泉

除了水温很高之外，中山温泉还有什么特别吸引人的地方吗？

原来，中山温泉属于"氯化钠"泉，水质好，水中含有丰富的偏硅酸、氯、钠、铁、铜、锌、钙、镁、硫酸盐等矿物质，泉眼水温高达93℃。浸浴可调节身体机能，促进新陈代谢，改善血液循环，对高血压、慢性神经炎、关节炎、糖尿病、肠胃病、神经衰弱等有明显疗效，不过，有心脑血管疾病的病人不适合在这里浸泡。

中山温泉水量充沛，每日涌水量可达千吨之多。

中山温泉的仙沐园，是一座具有中西结合的建筑特色、风景秀丽、令人流连忘返的大型园林式露天温泉。漫步仙沐园温泉园区，首先映入眼帘的是一泓清池，池畔湖石俊秀，古树傍岸，远处则隐约可见泉池岩岛，溪桥相连。数不尽的小山幽径，清水回环，花木繁茂，奇石争雄，时而开阔明朗，时而曲折幽深，或藏或露，或深或浅，虚中有实，实中有虚，集合自然美和建筑美于一身。置身其中，如入人间仙境，不知天上人间。

仙沐园的温泉健康水疗和中国园林建筑"泉"景交融，泉中有景，景中有泉。优质、独特的温泉水、齐全的配套设施和一流的亲情服务，使中山仙沐园赢得了"一浴仙沐园，健康过神仙"的美誉。

仙沐园温泉园区占地66亩，共有各种特色温泉38种，包括美容养颜的"鲜奶泉"、提神醒脑的"咖啡泉"、祛风止痛的"三丫苦泉"、润肠补血的"当归泉"、补气健体的"人参泉"、滋补延年的"灵芝泉"、快乐刺激的"河中泉"等等。此外，仙沐园内建有中国第一个"香熏温泉矿砂岛"，游客可以在温泉水加热至40℃的精选洁白细沙中，让每一寸肌肤都感受阳光、温泉、沙滩所带来的健康与活力。

再现历史

中山温泉宾馆由港澳知名人士霍英东、何鸿先生等人于1979年投资兴建，于1980年12月28日建成开业。宾馆有主楼10座，别墅15座，贵宾楼1座，共有300多间高、中档客房，同时设大、中、小型多功能会议厅和商务中心。

宾馆中餐厅装修考究，厅房齐全，可同时供1 000人就餐，餐厅由名厨主理，石岐乳鸽等精美菜式闻名遐迩。宾馆区域内有仙沐园露天浸浴俱乐部的30余种特色温泉浴、网球场、射击场、卡拉OK歌舞厅、温泉浴健康中心、麻将室、桌球室、电子游戏室和游泳池、蝴蝶博物馆、奇石馆和茶艺馆等休闲娱乐设施。为多层次满足游客需要，宾馆还配备国际旅行社和小车出租服务业务，供客人随时选用。

中山温泉高尔夫球会也是由港澳知名人士霍英东、郑裕彤先生等人投资兴办，中国第一家具有国际标准的高尔夫球场就诞生在这里。先后建成的阿诺庞玛球场和积尼告斯球场，以山形走势为依靠，布局合理，为休闲运动的理想之地。球会俱乐部以木质结构为主，带有浓郁的东南亚风格。俱乐部内设有餐厅、咖啡阁、桑拿浴和高尔夫球用品专卖店等。

中山温泉宾馆的"氯化钠"温泉水也因为其天然、纯正而驰名中外。中山温泉拟投资数亿元，整合周边旅游资源，高标准规划建设温泉片区，将其打造成以商务会议、休闲、养生为主的复合型温泉度假胜地。片区内共有客房38间，设会议厅、宴会厅、恒温泳池、温泉泡池等康乐健身设施，以及独立厨房、设备房等辅助设施，能够满足国家一级接待的要求。

知识链接

中山温泉被誉为改革开放的"活化石"。中山温泉宾馆占地面积为50万平方米，宾馆建筑犹如中国古代皇家园林，殿阁亭台高低错落，回廊水榭毗邻相接，花红草茵，树绿池碧，园中有园，景中带景。30年来，"温泉碧苑"先后荣膺了中山市新十景之一和广东省16个最佳景点之一等称号。2000年12月28日，中山温泉荣膺四星级饭店，宾馆服务水准日益提高，各类服务设施不断完善，迈上更高更强的档次。新增大型户外画像——《小平同志在中山温泉》成为宾馆内又一道亮丽的风景线，引来了络绎不绝的游客在那里合影留念。

三 沐浴金山

　　金山温泉度假村位于美丽富饶的广东恩平市那吉镇河畔，距广州约200千米。金山温泉度假村以天然温泉取胜。据专家考证，金山温泉无论水质、水温还是出水量，都位居国内温泉前列，泉涌区的自然水温常年达到80℃以上，这里有露天的泉涌300多处，每日流量达到2 000多立方米。水中含有48种矿物元素，放眼世界各地的温泉，只有南美洲的秘鲁有一处温泉所含的元素种类能超过它。所以，金山温泉也被一些人称为温泉中的"天下第二泉"。

　　金山温泉最引人入胜之处在于这里的开发者们将每天2 800多立方米、高达85℃的温泉水从室内引出到室外，开辟了22个大小不一的泳池。所有泳池的面积加起来达到8 000平方米。这里共建有22个大小不一的温泉泳池和28个日式温泉池。日式温泉池按温度分为高温池、常温池、冷水池；按功能分为理疗池、娱乐池、通用池等，方便不同的游客使用。

▲金山温泉

金山温泉天然泳池区布局合理、格调一致又千姿百态，其间配以园林山水作点缀，轻音乐衬托，终日热气蒸腾不息，置身其中，沐浴其间，如梦如幻，欲醉欲仙，一洗尘世烦恼和商旅劳顿。

金山温泉天然泳池按温度分为三级：一级池自然水温常年达70℃以上，泉眼更高达80℃，游客可目睹温泉水汩汩流出，水质清纯，一级池是温泉自然涌出的区域，在这里可尝试"温泉一绝浸鸡蛋"，鲜滑可口。令人叹为观止；二级池温度保持在35～40摄氏度，适于秋冬时节浸泡；三级池近2 000平方米，池面宽广，温度在30摄氏度左右，最宜于夏季浸泡游泳。

泉边赏景

恩平温泉的温泉水储量大、水温高、水质佳、有益于身体健康的微量元素多，属于健康医疗温泉。这些温泉是恩平得天独厚的自然资源。凭借它们，恩平获得了"恩平温泉闻天下，天下温泉数恩平"的美誉。几年来，这里相继兴建了金山温泉、帝都温泉、锦江温泉和温泉乐园等旅游度假景区，打响了温泉旅游的品牌，并向建成全国最大最美的温泉旅游城市这一宏伟目标迈进。

◆奇形的穴臼

恩平市那吉镇西部的大山深处，隐藏着一条长约3千米的峡谷。在峡谷的花岗岩基上，分布着数百个穴臼。这些穴臼究竟是二三百万年前的冰川遗迹"冰臼"呢，还是一万年前流水冲磨而成的"壶穴"呢？

峡谷有两处神奇的景观：这两处神奇景观都位于那吉镇西部九头山脚，一处土名为"飞鼠洒"，一处土名为"牛皮洒"，两者相距大约2千米。"飞鼠洒"位于锦江支流的下游，而"牛皮洒"位于锦江支流的上游。两处的河床上均是面积约150平方米的花岗岩。令人惊奇的是，被冲刷得一片雪白的花岗岩基面上，分布着数以百计的坑穴。这些坑穴奇形怪状，有的如圆形水缸，有的如人的脚印，有的则像古代舂米的石臼，还有的像牛的蹄印。最大的穴臼直径约1米，最小的直径约10厘米，其深浅不等。穴臼口宽肚窄或肚窄口宽，但口沿和内壁均十分光滑，其中有的穴臼中还藏有多块鹅卵石，而在岩石的斜壁上，还可看到许多"U"形擦痕。

三 中国著名温泉度假胜地

对这些穴臼，地质学家有两种不同的解释，一种解释认为这些穴臼是冰臼，即是两三百万年前的冰川遗迹，是冰川融化后形成的急流，携带着石块，从相当高度垂直向下对岩石长期进行强烈冲击和研磨而形成的穴臼，地质学上称之为"冰臼"。如果这种说法成立的话，那么就证明两三百万年前，恩平曾是冰天雪地。另一种解释是壶穴，是普通岩石河床被水流冲磨而成的深穴。它分布在石质河床基岩节理交汇点或破碎处，水流使之成为洼

▲恩平碉楼

> **知识链接**
>
> 恩平有著名的八景：分别是"河排壮观"、"玉带天池"、"双桥绣锦"、"侨苑新晖"、"鳌峰松涛"、"响水龙潭"、"江洲榕荫"、"石山铭古"。这些美丽的自然景观使无数游客赏心悦目，留连忘返。

坑；洼坑里砾石在流水的带动下旋转、撞击、磨蚀坑壁，使洼坑不断扩大加深，形成深宽数十厘米到数米的深穴，地质学称之为"壶穴"。目前，两方学者都不能说服对方。

◆恩平的碉楼

恩平还有一种特殊的人造景观，就是"碉楼"。这种名字很奇怪的建筑又是什么样子的呢？

据考证，这些散布在城乡各地的碉楼，有的建于清代末年，有的建于民国年间，大多有80多年的历史，少数有上百年的历史。圣堂镇塘龙村一座碉楼，建于清朝末年，是该村最早出国谋生发迹之后的村民建造的。

各种碉楼的建筑结构和造型设计五花八门，各具特色，异彩纷呈。有的以三合土春筑，有的以青砖砌成，有的则以红毛坭钢筋捣制，大多楼高4层，有的高达6层，墙壁厚近1米，门、窗窄小，楼顶设置放哨的岗楼，墙壁四角筑有凸出墙外的建筑物，俗称"燕子窝"，又称角堡，角堡内设有瞄准孔和枪眼，内宽外窄，用于内守外攻。

这些碉楼有三大功能，一是用于防盗贼。为了抵御匪盗，各村集体或个人出钱兴建碉楼，一些华侨和港澳同胞纷纷捐款资助。二是用于防水患。每当洪水暴涨，村民爬上楼顶躲避洪灾，逃过劫难。三是用于抗击日寇侵犯。在抗日战争时期，抗日将士和村民团结一致，据守在碉楼狠狠打击了进村烧、杀、抢的日本强盗，保护家园。

碉楼是恩平华侨史、革命史的见证，具有重要的历史和建筑艺术研究价值，也是当地一个多姿多彩的人文景观。沙湖镇的吴有恒故居内有一座坚固的碉楼，为吴有恒等革命同志当年从事革命活动提供了方便。圣堂镇唐氏碉楼由唐闻生的爷爷捐钱建造，唐氏碉楼记录了华侨辗转异乡的艰辛足迹，透出华侨爱国爱乡的崇高品格，唐氏碉楼很有侨乡特色，已经成为上一代华侨留给恩平人民的丰富而宝贵的文化遗产。

山庄概况

新温泉度假山庄坐落在清澈的河畔，依山而建。这里所有客房及套房均设有独立阳台。极目四望，层峦叠嶂的群山尽在眼前。山庄拥有3万平方米的露天温泉，属目前从化地区最大规模的露天温泉区。不同大小及效用的温泉池，错落有致地分布在山顶与山谷之间，和大自然结合在一起的露天温泉浴，一改传统温泉浴的形式，整体布局保持天然风貌，让享受温泉浴的游客真正沐浴于天地之间。

从化温泉的闻名之处，不仅在于它奔涌于明山秀水之间，还在于它具有其他温泉少见的温沙浴。在流溪河的两岸，散布着一堆堆温软的细沙。人们可以随意在温沙里挖出一个"澡盆"，泉水便从沙底汩汩喷出。躺在"澡盆"里，如果觉得水太烫了，还可以就地从河里放入一些凉水，冷热可各取所需，方便之极。

从化温泉

从化温泉位于广州北部约75千米处，又名流溪河温泉，是广东省闻名遐迩的风景区和疗养胜地。这里气候宜人，四面山峦重叠，环境幽静，是旅游和疗养胜地，也是世界上仅有的两处珍贵的含氡苏打温泉之一，与欧洲的瑞士温泉举世齐名。

从化温泉从流溪河底涌出，有泉眼十多处，分布在流溪河两岸。明清两代已开发利用此地温泉，一向以其水质佳、水温高和泉景奇特闻名于世。从化温泉是一种含氡及多种元素的珍稀苏打泉，水质晶莹，无色无味。被誉为岭南第一温泉。这里温泉温度高低不一，最低36℃，最高71℃，对各种关节炎和皮肤、消化器官、神经系统等疾病有辅助疗效。

从化温泉对人体健康大有裨益。它能对中枢神经系统的兴奋和抑制进行调节；能使血管扩张，促进血压稳定下降；能促进皮肤表皮细胞的新陈代谢，增强人体抵抗力。用它来淋浴或饮用，对关节炎、高血压、神经衰弱、慢性肠胃炎等均有一定的疗效。因此，每年都有不少病患者，慕名前来疗养。

关于从化温泉，还有一个美丽的传说。

很久以前，从化流溪河畔曾有个青龙头村，村里住着一位姓徐的采药老人。有一年瘟疫流行，看着乡亲们染病得不到医治，老人不顾年迈腿脚不便，硬是攀登上头甲山采药。他善良的心感动了仙女，仙女送给他一只可将泉水熬成药的银锅。老人用这口银锅解除了村里流行的瘟疫。但是，银锅的妙用惊动了贪婪的恶霸，他们纷纷派人前来抢夺宝物。为躲避坏人的抢夺，老人被迫爬上山崖。然而坏人紧追不舍。老人只好呼唤着仙女，纵身跳下崖底。不料，银锅碎处突然涌出一股水柱，把坏人全都冲进流溪河淹死了。从此，流溪河畔日夜涌出清泉。这股能够帮助人们健身疗病的清泉，正是从化温泉。

从化温泉风景区分为温泉游览区和天湖游览区两部分。碧波桥横跨流溪河，将两岸连为一体。河东岸是温泉疗养区，群山起伏、层峦叠翠、风景如画、空气清新，加上楼台、小亭、曲廊，参差错落，将区内环境点缀得更加幽雅，给人以恬静的美感。这里遍种梅、李、荔枝、松、玉兰等，到处绿竹成林、四季如春。

▲从化温泉

温泉区的露天泉眼，远望白雾蒙蒙，轻烟袅袅；近看河底细石晶莹，闪闪发光。温泉就从石罅中喷涌而出，激起翠珍串串，宛如明镜上滚动着的万斛珠玉，闪烁不定。温泉区的其他景致，同样令人神往。距温泉两千米处的香粉、飞虹、百丈飞涛等三处瀑布，更是分外引人入胜。

河西岸有天湖游览区，以山林、湖水、瀑布和山珍野味著称。区内建有20多幢别墅，建筑面积6万平方米，极富民族特色。景点有香粉瀑、飞虹瀑、百丈涛瀑三道瀑布；聚贤亭、玉宇亭、湖心亭；射击场、鹿场、熊场、猴山、烧烤场、游湖快艇等游乐设施。

总之，从化温泉是一个绿色的海洋，百丈飞涛之上的天湖，更是绿得醉人。湖边峰挺峦秀，壑美谷幽。树木伸枝展臂，郁郁葱葱。该湖集雨面积约10.2平方千米，总库容1 000多万立方米，为百丈飞涛大瀑布提供了丰富的水源。站在天湖的大坝上，只见湖水浩渺，碧波轻荡，近水如玉，远水含烟。座座茶山，青翠欲滴，行行果树，婀娜多姿。天湖不仅是一处优美宁静的风景区，而且是一座以蓄水灌溉为主，兼有发电、养鱼等综合功能的水利工程。

需要特别说明的是，从化还是一个著名的荔枝之乡。每当盛夏荔枝成熟时节，这里的游人便是络绎不绝。人们纷纷到这里沐浴温泉、品尝山珍野味和新鲜荔枝。游客已经成为当地最为动人的风景。

海螺沟温泉

我国的温泉不仅仅分布在北京和广东，在其他的各个省份，也有很多奇特的温泉。其中，四川和西藏两个省的温泉资源特别有名。

海螺沟温泉位于四川省贡嘎雪峰脚下，地处海螺沟冰川公园内二号营地及一号营地与沟口之间的贡嘎神汤处。在这里，大量的沸泉水从地下喷涌而出，出口处的水温高达90℃，足可用以直接用来沏茶和煮食鸡蛋。日流量8900吨的沸泉水顺崖而下，形成气势恢弘的沸腾瀑布，这种温泉瀑布的美景世间罕有。泉池和热瀑升起的蒸汽，滚滚腾空，气势浩大，使原始森林中的绿树与奇花异草朦胧一片，在万木葱郁的沟中，白雾袅绕，群山若隐若现，从远而望疑是仙山胜景。

中国的名泉

海螺沟内，游人足迹所能至的地方随处都有甘甜可口的冷泉。泉水或自地下涌出，或成清澈的溪流，或为石上飞瀑，景色十分美丽。沟中在极为接近冰川的地方有着大量的温泉，热泉，甚至沸泉。形成了独特的冷热共存的奇妙景观。海螺沟温泉有3处温泉的水温介于50~80摄氏度之间，属碳酸钠或碳酸氢钙中性热泉，泉水水质无色透明，无异味，也不包含任何有害成份，是良好的浴疗矿泉水。这些温泉能治疗多种皮肤病、关节炎以及湿寒症等，并能快速消除旅游者的疲劳，因而十分受人欢迎。

温泉游泳池水温宜人，清澈透明，周围是茂密的原始森林，空气清新，更有松杉撑伞，杜鹃花装扮，山鸟歌唱，白云清峰峭岭、贡嘎千年积雪映池中，游人到此，仿佛回到了大自然的怀抱。

▲海螺沟温泉瀑布

冰清玉洁——海螺沟

美丽的海螺沟,是一个怎样神奇的世界呢?

海螺沟是一个冰清玉洁的世界,封冻的冰川、沸腾的温泉、坚强生长的参天老树勾勒出它与众不同的美丽。冬季的海螺沟最具迷人风采,穿过白雪皑皑的原始森林,晶莹的冰川和洁白的雪花交相辉映,一硬一软,一刚一柔,以森林为背景,显得格外美丽。

海螺沟风景区是由亚洲海拔最低的现代海洋性冰川、生态完整的原始森林和高山沸、温、冷泉为一体构成的综合型旅游风景区。海螺沟沟长30.7千米,面积220平方千米,位于四川省甘孜州泸定县西南部磨西镇境内,是贡嘎山国家级风景区的主要景区之一,国家级自然保护区,国家冰川森林公园,国家AAAA级旅游区和国家地质公园,主要景点有贡嘎雪山、金银山、原始森林、水海子、温泉、冰川舌、城门洞、冰塔林、冰瀑布观景台、大冰瀑布、粒雪盆等。

◆海螺沟名源何处

海螺沟,海螺沟,在深居内陆的四川,为什么会用"海螺"来命名这样一个美丽的地方呢?

历史上,后藏香噶居派大成就者唐东杰布法王云游印度、汉土及康藏各地。唐东杰布法王知识渊博、先知聪慧,手艺也是巧夺天工。他先后在西藏、甘孜、青海藏区等地修佛塔128座,建桥128座。唐东杰布法王还在西藏创建药王庙,成为藏戏创始人。他在医药方面造诣极深,发明了能治内科百病藏药白丸和能治流行瘟疫藏药红丸之。后来,法王卒于康区,享年125岁,是藏族中最长寿的老人。唐东杰布法王一生功绩显赫,功成名就,是造福于后人的神圣佛教人物。

唐东杰布法王在海螺沟、燕子沟、大渡河谷留下跋涉足迹和他修建的寺庙、玛尼堆、佛塔旧址。公元1705年仲夏的一天,唐东杰布法王来到泸定桥建桥工地,见工匠们正为架铁索渡河一筹莫展,他指点工匠们用竹索穿短节竹筒,筒上用竹绳系上铁索迅雷慢溜吊渡。工匠们照他的办法将长40余丈、重2 000多斤的铁索悬空溜吊,唐东杰布法王见工匠们拉不动索键时便取出随身宝物海螺吹三声，神奇海螺声鬼使神差般让筒溜索走，安全地渡完13根铁索键。

泸定桥建成后，唐东杰布法王取道海螺沟翻雪山在西坡修寺建塔。在海螺沟夜宿于高山密林中——冰川巨石岩穴下，早晚在石穴前口念佛经，面向贡嘎神山跪拜，一吹海螺便引来林中禽鸟动物围着石穴听他念经。唐东杰布法王离去后，鸟禽动物仍按法王吹海螺时间聚集在岩石穴四周。在石穴顶部长出棵棵树木、花草，一派芸芸众生景象。唐东杰布法王有一天给他弟子托梦，说他在海螺沟住过的岩穴巨石，已被贡嘎山神册封为"海螺灵石"并以他随身宝物海螺封他跋涉过的那条深谷为"海螺沟"。海螺沟、海螺灵石的名字由此而得来。

◆海螺沟"五绝"

海螺沟的美景，最有名的是"五绝"。

日照金山是第一绝。海螺沟身处山脚，周围有海拔6 000米以上的卫士峰45座，峰上千年积雪，银光闪烁。每当天气晴朗，东方吐白，灿烂的霞光冉冉而起，万道金光从长空中直射卫士峰。瞬间，数十座雪峰全披上一层灿烂夺目的万丈光芒，这就是著名的"日照金山"。

冰川倾泻是第二绝。世界上的冰川大都位于海拔较高处，然在海螺沟海拔较低处就能望见冰川从高峻的峡谷铺泻而下，瑰丽非凡，景象万千。海螺沟冰川形成于1 600万年前，地质学称其为"现代冰川"，面积达31平方千米。举世无双的大冰瀑布，高宽1 000多米，令人终身难忘。还有一条全部伸进原始冷杉林带，长约6千米的巨大冰舌，形成举世罕见的冰川与森林共生的自然景观。登上

▲海螺沟冰川

▲ 日照金山

　　观景台，极目望去，眼前绵延数千米的冰川，令人目迷心醉，极度震撼。

　　雪谷温泉是第三绝。身边一片皑皑白雪，露天温泉池的蒸汽滚滚腾空，使原始森林中的绿树与奇花异草朦胧一片，影影绰绰。在热乎乎的天然温泉里欣赏雪花漫天飞舞，是何等浪漫。海螺沟温泉温度最高的泉眼处水温达90℃多度，然后一个个池降下来，最适宜人浸泡的一片池水从45℃度到35℃度不等，你可以任自己的喜好随意挑选。冬天的海螺沟温泉，池坎全是雪，里面的水仍然滚烫滚烫的，雪花从无极的天幕中飘洒下来，还没等落地，就被蒸发的水汽蒸发弥漫。

　　原始森林是第四绝。海螺沟的森林面积达70平方千米，沿着环游山路徐徐前行，游人会被身旁变幻无穷的植物景观所吸引。丛林之中，时常隐约可见猕猴、小熊猫、牛羚、红腹角雉等可爱动物的身影。此时的原始森林已经被白雪尽染，你可以体会到茫茫雪原的极致，比起东北的北国风光，可以说毫不逊色。漫步在被白色覆盖的原始森林中，你还可以堆堆雪人、打打雪仗。

　　康巴藏族风情是第五绝。海螺沟所在的四川甘孜藏族自治州境内，广阔无垠的高原大地，养育了甘孜十八县藏族儿女。在这里，你可以感受到多彩的服饰，不同的藏装，动人的歌舞，浓郁的康巴藏族风情融合在这里的山山水水中。

四川峨眉山天颐温泉度假区

天颐温泉

峨眉山是一座神奇而又美丽的名山，在这座美丽的神山上，也有一处温泉等待着我们去欣赏。

天颐温泉发源于峨眉山下2 000多米的地心深处，具有5 000多年矿化龄的优质医疗热矿泉水，泉水富含偏硼酸、偏硅酸和硫化氢、氟、锶、镭等多种对人体有益的矿物质。水质矿化度适中，水样清澈，水色宜人。温泉贮水量丰富，泉水出井温度为63℃，具有很高的医疗保健价值。此处泉水经国家权威部门鉴定后被科学地命名为"含偏硼酸、偏硅酸的硫化氢、氟、锶、镭医疗热矿泉"。由于水中的硫化氢、氟、锶、镭的含量指标均超过了国家规定的标准，又可被定名为"硫化氢泉"或"氟泉"、"镭泉"、"锶泉"。

峨眉美景

峨眉山位于四川省峨眉山市境内，地势陡峭，风景秀丽，有"秀甲天下"之美誉。峨眉山与山西五台山、浙江普陀山、安徽九华山并称为中国佛教四大名山，是举世闻名的普贤菩萨道场。因为这里有山峰相对如蛾眉，所以得名。峨眉山包括大峨眉、二峨眉、三峨眉、四峨眉等主要山峰，主峰海拔3 079.3米。全山形势巍峨雄壮，草木植被浓郁葱茏，故有"雄秀"美称。

峨眉山层峦叠嶂、山势雄伟，景色秀丽，气象万千，素有"一山有四季，十里不同天"之妙喻。清代诗人谭钟岳将峨眉山佳景概括为十项："金顶祥光"、"象池月夜"、"九老仙府"、"洪椿晓雨"、"白水秋风"、"双桥清音"、"大坪霁雪"、"灵岩叠翠"、"罗峰晴云"、"圣积晚钟"。

现在，人们又不断发现和创造了许多新景观，如红珠拥翠、虎溪听泉、龙江栈道、龙门飞瀑、雷洞烟云、接引飞虹、卧云浮舟、冷杉幽林等。峨眉

三 中国著名温泉度假胜地

新十景为，金顶金佛、万佛朝宗、小平情缘、清音平湖、幽谷灵猴、第一山亭、摩崖石刻、秀甲瀑布、迎宾滩、名山起点，无不引人入胜。

　　进入山中，重峦叠嶂，古木参天；峰回路转，云断桥连；涧深谷幽，天光一线；万壑飞流，水声潺潺；仙雀鸣唱，彩蝶翩翩；灵猴嬉戏，琴蛙奏弹；奇花铺径，别有洞天。春季万物萌动，郁郁葱葱；夏季百花争艳，姹紫

▲峨眉山金顶

127

嫣红；秋季红叶满山，五彩缤纷；冬季银装素裹，白雪皑皑。登临金顶极目远望，视野宽阔无比，景色十分壮丽。观日出、云海、佛光、晚霞，令人心旷神怡；眺皑皑雪峰、贡嘎山、瓦屋山，山连天际；望万佛顶，云涛滚滚，气势恢弘；北瞰百里平川，如铺锦绣，大渡河、青衣江尽收眼底。置身峨眉之巅，真有"一览众山小"之感叹。

峨眉金顶与峨眉顶峰的万佛顶相邻，海拔3 079.3米。这里山高云低，景色壮丽。游客可在陡峭的舍身岩边欣赏日出、云海、佛光、圣灯四大奇景。如果天气晴朗，游客还可远眺数百里外的贡嘎雪峰。佛光、云海、圣灯，是峨眉金顶的三大自然奇观。在金顶的睹光台眺望，台前白云平铺之时，阳光照在云层上，可见明亮艳丽的七彩光环，此景被人们称为"佛光"，据说如果你的影子进入了佛光，你就会吉祥如意。因此这里被称为"金顶祥光"。月黑风清的夜晚，岩下幽谷中有时可以看到一种神秘的圣灯，当地的人们认为这是鬼火。实际上，圣灯既非来自地下，也不是出于神灵，而是由于大自然中的磷化氢燃烧而产生的。峨眉山以佛教文化和独到迷人的风光，吸引着四方游客，把人们带入那雄秀缥缈的奇妙境界。

峨眉山金顶上矗立的"四面十方"普贤菩萨金像是世界上最高的金佛，也是第一个十方普贤的艺术造型。金佛系铜铸镏金工艺造像，通高48米，总重量达660吨，由台座和十方普贤像组成。其中，台座高6米，长宽各27米，四面刻有普贤的十种广大行愿，外部采用花岗石浮雕装饰，十方普贤像重350吨。金佛通高48米，代表着阿弥陀佛的48个大愿。"十方"一是意喻普贤的十大行愿，二是象征佛教中的东、南、西、北、东南、西南、东北、西北、上、下十个方位，喻普贤菩萨以圆满的无边愿行，广度十方三世一切众生。普贤大士的十个头像分为三层，神态各异，代

三 中国著名温泉度假胜地

▲峨眉山的日出和云海

表了世人的十种心态。

峨眉山的一线天在清音阁西的黑龙江（此处的黑龙江可不是东北的黑龙江）峡谷，两岸对峙，险如刀削，宽约6米，最窄处仅宽3米。倾崖壁立，直落江底，形势十分险要。黑龙江栈道一线天，是清音阁景区的泉峡景观。位于黑龙江上白云峡内，在清音阁西面1千米。黑龙江源出九老洞下的黑龙潭，经洪椿坪，至清音阁，会白龙江流入峨眉河。在牛心岭下，沿着黑龙江西行上山，山径总是在江两岸萦回迂曲。旧时，步行通过这里需要来回涉水踏石过溪，并在乱石中淌水行走，因而这一带山道俗名"二十四道脚不干"。后来，景区管理部门建起了数座小桥，把山路整修了成一条平坦的水泥游山道。漫步在这里，沿途两岸瀑布轰鸣，怪石峥嵘，山道随着溪流峰回路转，颇有"曲径通幽"之感。

晴空万里时，站在峨眉山上，就会看到层层白云从千山万壑冉冉升起。顷刻间，茫茫苍苍的云海便像雪白的绒毯一般平展铺在地平线上，光洁厚润，无边无涯。有时，地平线上是云，天空中也是云，人站在两层云之间，往往有飘飘欲仙的感受。南宋范成大把此处云海称为"兜罗绵世界"（兜罗：梵语，树名，它所生的絮名兜罗绵），佛家叫做"银色世界"。在中国四大佛教名山中，佛家又把"银色世界"作为峨眉山的代称，如同五台山叫"金色世界"，普陀山叫"琉璃世界"，九华山叫

知识链接

峨眉山金顶处，黎明前的天空宁静而又美丽。东方，墨紫墨紫的天空和远处的大地融在一起，难以分别。逐渐地，地平线上飘起了一条红色的丝带，又幻化成为缕缕红霞，托着三两朵金色镶边的彩云慢慢升起。它们共同预示着一个辉煌的白昼即将降临。彩云背后，空旷的紫蓝色天幕上，霎时间吐出一点紫红。这点紫红缓慢上升，逐渐变成小弧、半圆；又变成桔红、金红；最后，突然一个跳跃，拖着一抹瞬息即逝的尾光的一轮红日就出现在天边。

日出的景观在不同的季节和气象条件下拥有着完全不同的面貌。天气晴朗时，太阳从地平线升起，可观赏到壮丽日出的全过程；天边有云气时，人们能看到的却是已经脱离地平线的一轮红日。云层弥漫时，游人则往往只能看到朝霞、云海，还有云海背后那若隐若现的金光。

"幽冥世界"。这些景观，都被佛教信徒认为是最为吉祥的景象。

山风乍起时，云海飘散开去，群峰众岭变成一座座海中的小岛；云海汇聚过来，千山万壑被掩藏得无影无踪。云海时开时合，恰似"山舞青蛇"，气象雄伟。风紧时，云海忽而疾驰、翻滚，忽而飘逸、舒展，似天马行空，似大海扬波，似雪球滚地。最壮观的是，偶尔云海中激起无数蘑菇状的云柱，腾空而起，又徐徐散落下来，瞬息化作淡淡的缕缕游云。此种蘑菇云极难见到，因此如果有缘相见，那是极大的幸运。范成大有诗惊叹这幻变的云海："明朝银界混一白，咫尺眩转寒凌兢。天容野色倏开闭，惨淡变化愁天灵。"

泰山的日出很有名，可是峨眉山日出的美，一点也不输给有名的泰山日出。

◆峨眉山上的佛教文化

大家是不是好奇：峨眉山上为什么有这么多的佛教寺庙？峨眉山上为什么有这么浓郁的佛教文化氛围呢？原来，这和峨眉山的历史传统有着十分密切的关系。

相传，佛教于公元1世纪传入峨眉山。汉末的佛家便在此建立寺庙。他们把峨眉山作为普贤菩萨的道场，主要崇奉普贤大士，相信峨眉是普贤菩萨显灵和讲经说法之所。据佛经记载，普贤与文殊同为释迦牟尼佛的两大贤侍，文殊表"智"，普贤表"德"。普贤菩萨广修十种行愿，又称"十大愿王"，因此赢得"大行普贤"的尊号。普贤菩萨形象总是身骑六牙白象，作为愿行广大、功德圆满的象征。普贤菩萨名声远播，广有信众，菩萨因山而兴盛，山因菩萨而扬名。

东汉时，山上已有道教宫观。峨眉山被尊为普贤菩萨道场后，全山由道改佛。东晋时期，高僧慧持、明果禅师等先后到峨眉山修持。唐、宋时期，两教并存，寺庙宫观得到很大发展。明代之际，道教衰微，佛教日盛，僧侣一度曾达1 700余人，全山有大小寺院近百座。至清末寺庙达到150余座。

近两千年的佛教发展历程，给峨眉山留下了丰富的佛教文化遗产，成就了许多高僧大德，使峨眉山逐步成为中国乃至世界影响深远的佛教圣地。峨眉山佛教属于大乘佛教，僧徒多是临济宗、曹洞宗门人。峨眉山佛教音乐丰富多彩，独树一帜。

西藏温泉

西藏温泉

西藏拥有非常丰富的地热资源，已探明的地热活动区约600处，其中具有医疗康复价值的康复型特疗矿泉和温泉230个。其中比较著名的有南木林5个温泉，仲巴玉龙等23个温泉，萨嘎3个温泉，拉孜16个温泉，亚东县康布等1个大温泉12支泉，岗巴3个温泉1个矿泉水泉，谢通门恰嘎等6个大温泉、6个小温泉，萨迦察绒2个温泉，江孜2个温泉，康马1个温泉，定日高山温泉，仁布3个温泉，定结陈塘九眼温泉等。

西藏的温泉种类多种多样，几乎包括了世界上所有的温泉类型，我们来列举一下其中最主要的几种奇妙的温泉：

第一种类型是水热爆炸形成的温泉。这是一种异常猛烈的水热活动现象。在地质学上，有人认为它应列入近期火山活动的范畴。这些水热活动爆炸时往往伴随有巨大的响声，大量气、水混合物夹带泥沙、石块冲出地表，飞向高空，流体喷出高度从数米至20多米。爆炸以后，泉口形成直径不等的

▲羊八井的地热

圆形水塘，大者直径可达10米以上。泉口断面呈漏斗状，四周由喷出的泥沙、堆积物形成环形，在圆形热水塘的中心形成一个细的喉管。

西藏岗巴县科作热区在1974年就发生过一次规模较大的水热爆炸。当地牧民曾用一根牦牛皮绳探测炸出来的喉管的深度，绳子放了30余米还未到底。这种泉口很像近代火山口的结构。萨迦县卡乌泉区在20多年前也发生过爆炸。蹦出来的石块从萨迦河右岸飞至左岸，飞程达100余米。

举世闻名的羊八井热水塘，方圆达到7 000多平方米，温度保持在47℃左右，这可能也是水热爆炸后的产物。此处的水热活动也许一直都没有停止。羊八井一号井，1977年12月4日下午曾经发生过爆炸，井中的流体变成浓黑色的柱体射向天空，水柱高达50多米，散落物被抛至300多米远。岗巴县若马热区每年爆炸三、四次，甚至十至二十次。昂仁县查孜热区停爆50年以后，又于1975年3、4月间爆炸。可见，当地下热储在压力超过饱和度，地表平衡被破坏后，必然产生这种水热活动。

第二种类型是间歇温泉。科学家推测，在地下的储热层中有一定的蒸气上移，当蒸汽容量超过饱和度时，它就会突然喷出地面，形成喷泉；当大气压力减弱时，附近的压力恢复平衡，喷泉就停止喷发。如此往复不止，形成间歇喷泉。

目前发现的昂仁县桑桑区塔嘎尔加间歇喷泉可能是我国已知最大的间歇喷泉。该喷泉位于海拔5 000米的拉嘎藏布江河源处，热区水温高达85℃～86℃的沸泉口就有近百个。其中有三处间歇期不同、喷发形式各异的间歇喷泉，它们在一个热区同时存在的景象蔚为壮观。最大的一个喷泉每天活动四次，高潮是中午的一次，持续时间最长。每当喷发时，泉口的水柱先上下翻腾几次，然后突然腾空而起，水柱高度能够达到10至

▲羊八井温泉的喷泉

20多米，水柱直径也有2米以上。无风时，水柱顶部的气柱可以高达40米～50米。可惜的是，因为人们的开发破坏，这处热喷泉已经失去了昔日的魅力。

第三种类型是热水河。其中最典型的是仲巴县玉龙泉河。在尼木县西10余千米处，安刚区断陷盆地的南缘，有一条几乎全部由温泉泉流汇集成的河流，人们称之为热水河。河水水温一般在81.5℃，倘若误入其中就会非常危险。河流附近的地温也在57℃左右。热水河从源头流出几千米以外，水温仍能保持在20℃以上。

第四种类型是高原沸泉。玛旁雍错（湖泊）和冈底斯山一带岩浆活动颇繁，水热活动也较强烈。此处温泉较多，水温也较高。如仲巴县大荣沸泉及萨噶县大吉岭如角藏布的一条支流中，有一处大型的泉华体横卧谷底。虽然此处海拔高达5 300米，但这个泉体上仍然有三处沸泉，泉水温度高达83.5℃～85℃，高于当地沸点4℃～5℃。这些沸泉还在不停地喷出沸水。河水流经此处之前的温度为12.2℃，流过之后就能升至22.2℃。沸泉所在的洞内放出的热量达10 000大卡/秒。另外一座位于昂仁县查孜区的温泉，地处山间盆地，其水温也能高至86℃。这里的泉区海拔5 500米，沸泉的水温竟然高出当地沸点6℃以上。

第五种类型是江心喷泉。雅鲁藏布江河谷不少地段是沿大型断裂构造发育的，其间有侵入体断续分布。这些岩体附近，经常有温度较高的温泉或沸泉。

第六种类型是沸泥泉。高温热流体的通道围岩被蚀变成黏土，或通道围岩翻腾，便形成了沸泥泉或沸泥塘。措美县布雄朗吉和萨迦县卡乌都有这种泉塘。

第七种类型是地热蒸气。天然蒸气的形成有喷泉和冒气两种，气温一般都高于当地沸点。高温水蒸气的存在充分说明这些地方的地下有热水存在，因此它们是寻找高温热田的重要标志之一。地热蒸气在冈底斯山及念青唐古拉山南麓一带都有分布。在萨噶县西北的如角水热活动区（海拔5 300米）处有一座大型的钙质华泉体，泉体所在的暗河内有很大的喷气活动，吼声如雷。如此巨大的喷气活动实为全国所罕见。在措美、萨迦、昂仁、当雄等地均有较大的气洞。气洞的直径有数米，深度为2～3米不等。至于从地下往地面的冒气活动，在羊八井等地也是到处可见。

三 中国著名温泉度假胜地

西藏的温泉绝大多数处于自然状态，尚未开发，人们只是简单的利用大自然的恩赐。如今，也有不少温泉得到了开发利用，如羊八井温泉，已成为拉萨的能源基地，每年向拉萨输送大量电能。这里还是著名的旅游观光之地，大批的中外游客来此参观欣赏。游人游览之余，在海拔4 300米的地方泡着温泉，欣赏着念青唐古拉雪山美景，十分惬意。不过，让更多的温泉保持自然的面貌，也是一件好事。在提倡低碳环保的今天，让人们的活动适应大自然的需要，而不是让人们的活动破坏大自然的面貌，已经成为人们行为的主旨。我们以后要走遍祖国各地的美好河山，因此，在旅行的途中保护好自然环境，就是我们的一门必修课。

勤劳智慧的西藏人民很早就发现了温泉在治疗疾病方面的独特作用。很多藏族的医学书籍对这方面都有记载。

知识链接

青藏高原是一片活跃的高原，科学家经过长期的观测发现，这座高原每年都会往上长几厘米。亚欧板块和印度洋板块在这里激烈的碰撞造成了剧烈的地壳变动，也造就了青藏高原上丰富的地热和温泉资源。

在高原泡温泉，是一种非常特别的享受。著名的川藏公路沿线分布着许多温泉，排龙温泉就是其中很有特色的一个。排龙温泉位于距八一镇约140千米的排龙门巴民族乡以北，318国道公路边。温泉沿帕龙藏布边缘裂隙喷流而出，喷出的水柱高达3米～5米，水温能够达到45℃～60℃左右。水蒸气及硫磺气味弥漫于空气之中，让路过这里的人无不啧啧称奇。排龙温泉最美的地方，就是它的温泉水，以及温泉周围纯天然的环境。

排龙温泉的泉池只有两个很小的池子，每个池子只能容纳3～5个人。温泉旁边是滔滔江水和参天古树，别有一番野趣。温泉池用石头和水泥围砌，温泉水通过木槽引入池中。蓄上数十分钟水，装满水的池子便可以供游人泡洗。若游人省时间，不想等待泉水蓄满，则可坐在池里，让那温泉水自肩背流下，别有一番体验。坐在池中，眼中是河谷的葱翠，耳边是隆隆的浪声，谁都不会再去介意这池子的简陋。温泉旁边美丽的高原风景，就是此行最大的犒劳。

排龙野温泉以其优良的水质，豁然的天然环境，让人释放压抑的情怀，体会大自然的豪放之情。它是大自然镶嵌在这里的又一颗明珠。

走进止贡提寺

德宗温泉附近,有着许多美丽的高原景观和藏族风情。大家不妨细细来品味一下吧!

止贡提寺,亦称"直工寺"、"直孔寺"、"直贡帖寺"。在拉萨市之墨竹工卡县境内,位于县驻地以北仁多岗乡、血弄藏布北岸山坡上。仁多岗距县驻地61千米,县城距自治区首府拉萨73千米。

止贡提寺是帕木竹巴弟子木雅贡仁建,1179年止贡巴仁钦贝扩建成为大寺,名"止贡提",即止贡噶举派的中心主寺。止贡巴仁钦贝(1143年~1217年)是四川邓柯(今甘孜州西北部)人,属居热氏家族。他家世代信奉宁玛派(红教),父亲名俄羌多吉(持密金刚),母亲名宗玛。他6岁开始学习藏文,并在其父跟前闻习佛法,据说9岁时他便开始讲经说法。青年时期邓柯一带常遭受自然灾害,他就到藏区给别人念经维持生活。后来拜帕木竹巴为师,闻习了帕木竹巴的教授后,生出了照见一切法真实性的智慧,帕木竹巴又传授给他一种特殊的密法,使他名望逐渐提高。25岁时由贡塘喇嘛香松妥巴杜僧做屏教师给他授比丘戒(菩萨戒)。

1177年至1179年止贡巴仁钦贝曾住持丹萨提寺三年。于1179年到墨竹工卡的止贡(元明文献称"必力工瓦"或"必拉公";清文献中称"朱工"、"直谷"、"直工"、"都贡"等)地方,在原有小寺的基础上扩建成为一座大寺,这就是著名的贡提寺。止贡巴的名字由此寺名而来,他所传的教派也就被称为"止贡噶举"(藏传佛教噶举派帕竹噶举支派之八小支派之一)。该派重戒律,认为以因果说和真实相融合,可以达到"真空"与"大悲"的境地。他的教授比较深奥,他的通达真实的弟子很多,遍及邬坚(今阿富汗)和那烂陀(印度一地名)、五台山等地。

止贡提寺主要由经堂、佛殿、藏经楼、坛城、护法神殿和修禅密室组成。其中被称为"世界一庄严"的灵塔殿最为壮观,高3层,主供杰觉巴灵塔,塔内装藏有噶举派历代祖师舍利子、印度8大持明和80位居士的衣物、金铜聚莲塔数十座、佛经和许多珍贵药材等。在扎西果芒殿内主供杰喇嘛塑像,其右侧供有2层楼高的大威德金刚泥塑像和金银质菩提大佛塔;南面为止贡历代法台的红色法座，极为神圣。贡康（护法神殿）内供有杰觉巴、释迦能仁、龙树大师等塑像，供有杰觉巴脚印、止贡护法神阿杰确吉卓玛金铜塑像及铜质佛像数百尊。

　　修禅密室散落在主殿四周，只有一个小木门和一个小窗户，面积6~7平方米。据说目前有二十多名喇嘛正在修禅，修满者可得到"仓巴"（修禅者）的称号，时间长者为三年三个月零三天，短者也要三个月。拙火定（即修丹田生热的脐轮火法）是噶举派的一种密法，也是该寺一大特色。到目前为止，该寺修成拙火定的只有2人：巴穷仁布切（已于1990年94岁时圆寂）和丹增尼玛。修成拙火定的人能在冬天将刚从水中捞出的袈裟披在身上烤干；如果下了雪，他在屋内发功后屋顶上的雪即刻可以融化。

知识链接

　　离雪域明珠拉萨140千米处有一个美丽的地方，叫德宗温泉。如果从拉萨驾车去，大概需要6小时左右就能抵达。沿途全是石头路。但是窗外可以见到美丽的黑颈鹤。快到温泉的地方，路边有美丽的花朵随风盛开。如果运气好，游人还能在路旁看到藏族隆重的天葬仪式。

　　德宗温泉位于一个美丽的藏族小山村，山村藏在一个山谷之中，两旁的山坡被用作高山牧场，绿草如茵。夏天的山坡上会开满很多无名的小花。小山村里的建筑是典型的白色藏式建筑，各栋房屋之间安排得错落有致。小村中间有一座尼姑庙，金黄的屋顶和喇嘛教的海螺声带给小村一种不一样的宁静。谷地内有一条小溪，可以溯源到遥远的雪山顶上。

　　德宗温泉是一个纯天然的温泉。它位于一个流淌的山泉边上，形成了全天然的浴池。温泉的水温不高不低，也无刺鼻的气味。水中还会不断冒出无数的气泡，来这里休息的人只要在池子里就能享受到天然的按摩。

　　德宗温泉是一个很奇妙的温泉，泉水可以治很多皮肤病。池底还有蛇，不过不会咬人。泉边还有一些懒洋洋的晒太阳的狗，它们躺在温泉边看那些陶醉在大自然怀抱中的人们。置身此处，会让人真正忘记城市的喧闹，忘记身心的疲惫。这里是大自然给我们的最好恩赐。

珍藏中国 | 中国的名泉

　　止贡提寺每年藏历3月28～29日要跳金刚神舞。从藏历2月开始，全寺僧人便集中诵经，持续一个月。

▲ 止贡提寺

云南温泉

云南温泉

云南的温泉景观也是多种多样。温泉的种类多、水质佳、用途广、景观奇，所以云南温泉举世闻名。这里水温100℃以上的温泉有20多处，水温40℃以上的温泉有500余处，地下钻孔流出的热水也有近200处。可以说，云南真是遍地有温泉！

下面，让我们走进云南的温泉，体味另一番情趣。

◆感受第一汤的温暖

安宁温泉被喜爱它的人们称为"天下第一汤"。著名的旅行家徐霞客曾经称赞它说："其色如碧玉，映水光滟烨然。余所见温泉，滇南最多，此水实为第一。"安宁温泉离昆明城区不过30多千米的路程，泉水自螳螂川东岸石灰岩壁流出，泉在山腰，宛如玉带揽山。

安宁温泉为什么会被人们称为天下第一呢？

安宁温泉古称碧玉泉，相传东汉的时候人们就已经知道了这处温泉。在距离安宁温泉不远的地方，有云涛寺和火龙寺。云涛寺建筑在环云岩上，树木荫翳，殿宇清幽，螳川前横，葱山如屏，江流甚急，澎湃有声。火龙寺在云涛寺的北面，也建在山上？

火龙寺中的《先王先帝考碑》记载了一个神奇的故事：东汉建武丙辰年（公元56年），汉朝有名的将领苏文达，跟随着另一位历史名将伏波将军马援南征交趾（也就是现在的广西、越南一带），后来，因为当地瘴气侵袭，士兵患病，大军滞留在了云南境内。有一次，苏将军偶尔经过新罗邑（安宁附近），遇到了当地郡主阿树罗。两人一见如故，后来就经常在螳螂川附近骑马游赏。有一天，他们来到葱山（今称龙山）顶上，看见凤岭（今称凤山）下面白气氤氲，蒸腾不绝。两人觉得奇怪，就决定下山看个究竟。没想到误打误撞发现了"碧玉泉"。

中国的名泉

　　安宁温泉的天生丽质，虽已经发现，但毕竟由于其地处边陲，并不为人所注意。元朝以前，这里只是露天的一个水塘，元末时才有人在附近盖上数间茅屋。安宁温泉的真正扬名始于明代。永乐年间，李绶曾在附近进行了修建，当时的情况是"塘可半亩，碧玉居其中，水没其上尺许，浴者辄浮水坐碧玉上为快"。成化时，当地著名的政治家和文学家杨一清在他的《温泉游记》里说："温泉螳螂川胜景，天下驰誉，泉之微妙，不尽其说。"

　　至于安宁温泉能够被誉为天下第一，还是得力于诗人杨升庵的推崇和赞誉。杨升庵是明代中叶的名士和诗人，曾游览或间接、直接地了解过国内不少温泉，诸如新丰的骊山，凤翔的骆谷，蓟州的遵化，新安的黄山，和州的香陵，闽中的剑蒲，惠州的佛迹崖，渝州的陈氏山居等处，也了解三迤的宁州、白崖、浪穹、腾冲、永昌等地的温泉状况，但他特别推崇安宁"碧玉泉"为"天下第一汤"。他曾在自己的《温泉诗》的《序》中，称道安宁温泉有七大优点："此泉特皓镜百尺，纤芥必呈，一也；四石壁起，中为石凹，不烦瓷甃，二也；浮垢自去，不待拂拭，三也；苔污绝迹，不用淘渫，

知识链接

　　神奇的云南因为地处"彩云之南"，所以被人们称为云南。这里有高大起伏的山脉，有奔流不息的江河，也有着众多神奇的地热和温泉资源。

　　勐拉温泉是一座位于云南南部的温泉，地处金平勐拉普洱上寨附近的一个山谷里。这里的泉水中含有多种矿物质，被科学家认定为高热氢氟水。温泉周围梯田层层，古树环绕，婀娜多姿的凤尾竹环绕四周，野花星点，翠绿苔藓。泉水从原始森林边涌出，注入60平方米的水池内。水温50℃~60℃，温泉雾气升腾，水中的有机矿物质具有天然的清洁作用。游人来到这里，感受着这种让身心的完全放松的环境，加上有水中充足的营养补给，往往会感受到"人间天堂"的感觉！而这处美丽的温泉就是一个能让人们感觉到彻底放松的地方。

　　居住在这座温泉附近的是云南的少数民族——傣族。傣族是一个非常喜欢水的民族，泼水节是每年傣族最为盛大的节日。来到这座美丽的温泉，感受着周围那浓郁的傣家文化，游人往往就会陶醉在这美丽的旅行里面，忘记了所有的烦恼。

四也；温凉适宜，四时可浴，五也；掬之可饮，龙发茗颜，六也；酒增味，治疱省新，七也。"概括起来，就是泉水澄清，天然石凹，浮垢自去，不积污垢，温凉适宜，可以沏茶，宜于烹饪。

从此之后，安宁温泉名扬天下，人们对温泉的赞美不可胜数："水之圣"、"城外华清"、"春回太液"、"太和元气"、"胜地名泉"等。历代文人也在此吟赋了许多诗篇称赞安宁温泉："天下果然第一汤，升庵先生无虚奖。""地灵此地胜瀛州，暖比春温洁比秋。""仿佛玻璃漾水晶，宛若珠玑盛琥珀。"等等。1962年，董必武同志来游，题诗曰："莫夸六国黄金印，来试三迤碧玉泉。"郭沫若同志来此也曾赋诗称颂。人们对安宁温泉的推崇，由此可窥见一斑。

安宁温泉发源自石灰岩壁内，较大的出水口有九处，每昼夜涌流1 000余吨。水温在42℃至45℃之间，泉水清澈碧透，水质柔和，物理化学性质良好，含碳酸钙、镁、钠和微量放射性元素，属碳酸泉类。碳酸是弱酸，含量低，加上其中含有可溶性矿物，因此甘芳可口，对人体有好处，尤其能治慢性疾病。

安宁温泉四周，景色秀丽。古有温泉八景："冰壶濯玉"，入泉沐浴，人如白玉；"龙窟乘凉"，温泉左侧有环云等石洞，夏季极凉，避暑其中，极其爽快；"春圃桃霞"，葱山一带多桃树，初春，桃花盛开，有如数里晴霞；"晴江晚棹"，螳川浩荡，每当傍晚，江涛树影中归帆点点，白烟云氤氲中顺流而过；"烟堤听莺"，自碧玉泉至"渐入佳境"（原停船处）一段，岸柳拖烟，古树荫翳，清晨黄昏，春花秋月，莺声鸟语，不异笙簧；"山楼看雨"，水光潋滟，山色空蒙，登楼远望，清新秀逸；"云岩御风"，浴后登岩漫步，如凭虚御风，有飘然羽化之感；"溪亭醉月"，溪边长亭玩月，与醉石、醒石共卧于水光岩影之间。今天，除去"晴江晚棹"与"春圃桃霞"之外，其他景致均能让游客尽情领略。

安宁温泉附近的美景也会让人流连忘返。

从安宁温泉过螳螂川大桥，南折，缘山徐行，只见树走云迎客，花飞鸟解颜，渐闻钟磬响，山间古寺观。这便是曹溪寺。相传曹溪寺是唐代建筑，其中有一块碑，上刻"虫二"两字，意思是风月无边，是明朝最后一个皇帝崇祯的御笔。寺的两旁塑有18尊罗汉像。在正殿前有两棵大优昙花以及一株元梅,至今仍能开放,每当昙花、梅花盛开,游人如织。殿中每逢60年甲子中秋夜出现的"漕溪印月室镜悬"情景,体现了古代劳动人民丰富的天文知识和建筑学知识。从寺向南行约500米,有珍珠泉,泉水明净。泉自一大圆塘内冒出,每隔数分钟即有无数气泡自塘底而上,状如串串珍珠,以此得名。

温泉正南一千米处,有一座杨阁村,这里是明朝大将杨一清的故乡。村西南螳螂川江中,有一块空心的巨石,在江水的冲击下发出淙淙的响声,从远处听起来好像钟声,这就是石淙。这块大石头有门,人可以出入。里面有人工雕刻的石桌、石凳各一个,相传是杨一清少年时代读书的地方。

关于这块大石,也有一个动人的传说。

在很久以前,温泉附近年年遭受水灾,人民苦不堪言。于是,当地所有的男人都集中在一起治理河道。然而,当河道就要疏通时,一块巨石却横在了河中,阻碍了人们的工程。正当大家一筹莫展时,一位叫"汤朗"的年轻人纵身跳入了河中,贡献出了自己的生命。顿时,巨石崩裂,河道得以疏通。为了纪念这位勇敢的年轻人,这条河就以年轻人的名字谐音做名,被称为了"螳螂川"。

现在,在河边凤山的脚下,有一块石壁,上面题满了历代文人的笔墨,被称为"摩崖石刻"。摩崖石刻前面有两块石头,分别是"醒石"和"梦石"。这两块石头与中国历史上最后一位状元——袁梦谷还颇有一番渊源。

传说袁梦谷小时候不爱读书。一天,他与父亲乘着小船,沿着螳螂川旅行,到了摩崖石刻附近。上岸后,他坐到了梦石上,就梦到自己日后考取了状元。此时,袁梦谷的父亲怎么叫都叫不醒他,在当地老乡的指导下,袁父将他抱到醒石上,袁梦谷就慢慢苏醒了。然而,梦里的场景已经牢牢定格在了他的脑海之中。此后,他就像变了一个人一般,用功读书,果然考取了状元,成为中国历史上的最后一名状元。

◆大理地热温泉

著名的云南古城——大理拥有一处著名的"地热国"。此处占地1 000亩,位于洱源县国家级风景区茈碧湖畔。如果有机会去大理的苍山、洱海或是丽江古城、玉龙雪山、香格里拉游览的话,都会路过这片神奇的地方。

大理地热国是一处溶入了云南少数民族文化气息的温泉景区。这里共有几十种各赋特色、各具功效的露天温泉池，尽显"九气朝蒸"之奇观。地热国的温泉水温在70℃～90℃之间，富含钾，钙，镁、铁等多种微量元素，用这里的泉水熏蒸、沐浴可治多种疾病。当地的人们把造型各异、作用不同的"露天温泉"进行了分类、包装，赋予了它们各自独特的文化内涵。

◆映月潭温泉的温情

在云南，泡温泉也是一种民间传统的习俗。位于大营街的映月潭温泉就是一个泡温泉的好去处。

映月潭温泉是一处被开发的旅游区，来这里休息疗养的人们络绎不绝。

▲腾冲热海大滚锅

中国的名泉

传统的泡温泉习俗在现代化的条件下更加注重人们身体的健康和情绪的放松。所以。成年人都非常喜欢这种有益于身心的旅游项目。

◆腾冲温泉群

腾冲市位于云南省西部，怒江以西，高黎贡山西坡。这里与缅甸为邻，是我国西南边陲的一个边防重慎。腾冲原来叫腾越，清代后期才改称腾冲。境内山川并列，盆地相间，山高谷深，植物茂密，自然景色壮丽多姿。然而，腾冲最被人们赞美的还是壮观的火山和遍布全县的热泉。这个美丽的地方简直就是一个温泉的博物馆！

更加特别的是，腾冲的温泉不是一个个出现的，而是像约好的伙伴一样一群一群出现的，这些"温泉群"更是有着别处难以比拟的风采。

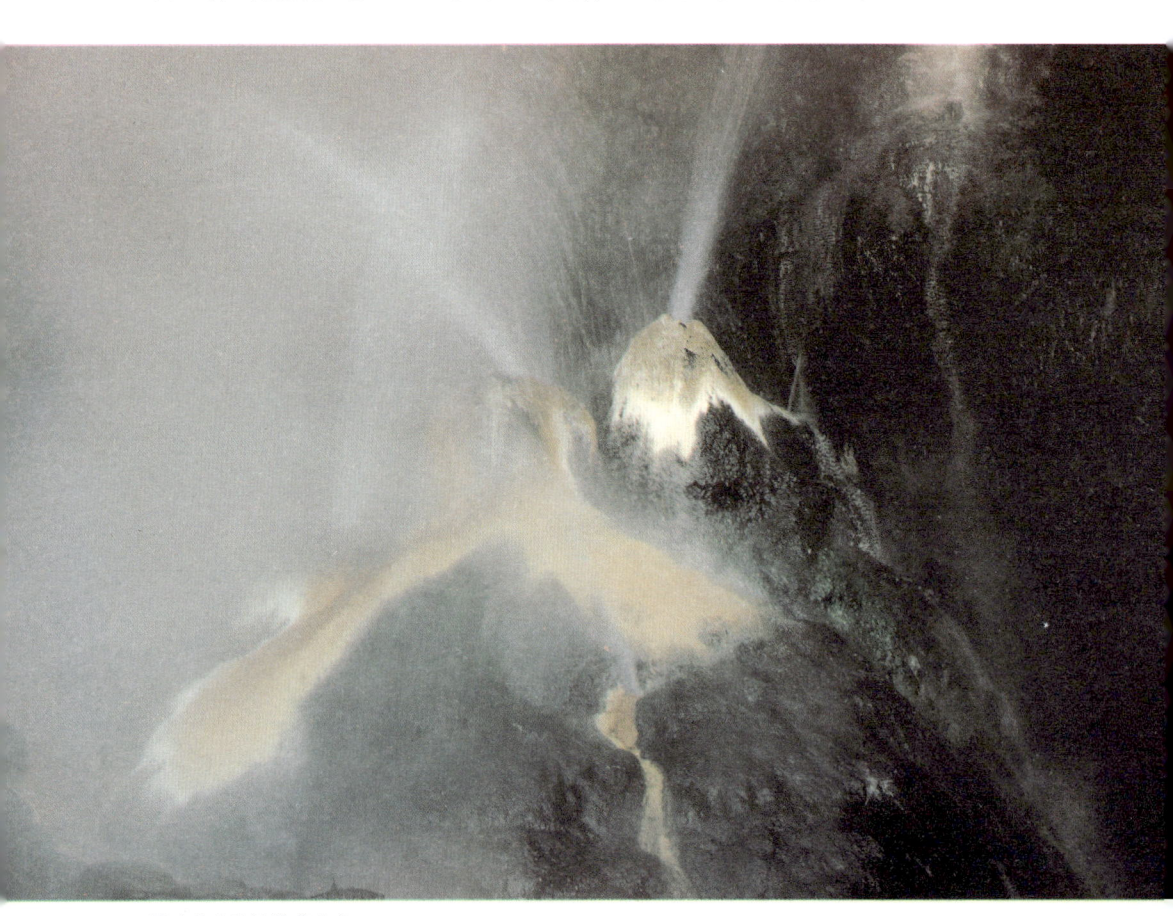

▲腾冲热海的蛤蟆嘴喷泉

腾冲的热气泉和温泉群加起来一共有80余处，当地平均每70平方千米就有一个泉口，其中的11个温泉群的水温高达90℃。腾冲的温泉群不仅数量众多，而且类型复杂、齐全，这种景象在国内都十分罕见。腾冲拥有高温沸泉、热泉、温泉、地热蒸气、喷泉、巨泉、低温碳酸泉、毒气泉、冒气地面等多种多样的温泉。来到这里的人们，无一不被这种神奇的景观深深吸引。

腾冲有哪些别处罕见的特殊温泉呢？

高温沸泉：这种温泉的温度均在95℃以上，高出当地沸点。泉水在池中翻腾滚动不息，当地人称呼它们为"滚锅"。

喷泉：大家都见过城市里的喷泉，可是热气腾腾的喷泉大家见过吗？在腾冲。往往会见到高温、高压的蒸气从一个圆形小孔中喷射而出。在冲向天空一米多以后，水汽才纷纷撒落下来，如礼花四射，反射着迷人的光彩。

毒气泉：这是一种十分特殊并且危险的喷泉。腾冲县东北方向的曲石附近有一处被人们称为"扯雀塘"的罕见毒气泉，泉内喷出的是有毒的气体——一氧化碳和硫化氢。它的喷气孔附近常常见到被毒死的老鼠和雀鸟。1976年，科学工作者曾把一只大鹅放在扯雀塘毒气孔上，这只可怜的鹅五分钟内就窒息而死。

巨泉：这种温泉的水温不是很高，一般只比当地的平均温度高出两到三度，冬夏不变。但是，它们的特点在于泉水的水量巨大。这些巨泉的热流量占了整个腾冲地区温泉流量的三分之一。巨泉周围往往能见到四季芭蕉常绿。隆冬季节，远看巨泉附近，就如同看到一块镶在大地上的翠玉，娇艳迷人。

低温碳酸泉：这种清泉的水温与常温一样，但是水中总会逃逸出大量的二氧化碳等气体，泉水就像一瓶摇过的可乐一样上下翻滚，又好似一锅滚开的沸水，使人啧啧称奇。

硫酸泉：顾名思义，这种泉中流淌的就是危险的硫酸。水面热气腾腾，到处是嘶嘶的响声。泉口附近的地表砂石裸露，寸草不生。甚至人们不敢涉足此处，因此泉口就成了天然"禁区"。

这些罕见的奇特景观，构成腾冲地区美妙的泉群画卷。

与各种热、气泉相伴而生的还为数众多、千姿百态的泉华景观。泉华是热、气泉从地下带来的大量矿物质沉淀、升华的产物，它美丽多姿，常常能引起人们遐思翩翩。灼热的泉华台上，滚烫的热水池畔，到处都生长着蓝绿色的藻类，向人们显示其顽强的生命力。死去的藻丝上积淀了大量泉华，形成了精致的花纹，一层层堆积起来，奇特玲珑，有层状的、笋状的、钟乳状等各种形态。那些巨大的泉华冢，泉华台，泉华扇，泉华豆，泉华溶洞、泉华瀑布、泉华蘑菇……白如玉，黄似金、琳琅满目，是大自然奉献给人类的杰作。

明代地理学家徐霞客于1638年～1640年（明崇祯十一年至十三年）滇游期间曾考察了众多的温泉，他在《滇游日记》中着墨最多的是腾冲的硫磺塘。

硫磺塘在腾冲县城西南16千米一个山坳平台的中央，是一个直径三米左右，一米多深的圆形小池。池底到处喷水冒气，最大的一个泉眼喷出的水柱有将近半米粗，喷出水面将近半米高，温度达96.6℃。整个水池白浪翻滚，热气腾腾，水汽交鸣，状如沸腾咆哮的大滚锅。当年徐霞客曾冒雨考察了硫黄塘，并有极其生动的描述："遥望峡中，蒸腾之气，东西数处，郁然勃发，如浓烟卷雾，东濒大溪，西贯山峡。""环崖之下，平沙一团，中有孔数百，沸水丛跃，亦如数十人鼓扇于下者，……久立不能停足也。"

在硫黄塘西南两千米多，有一个南北走向的小山沟，沟底有一条水溪，两侧是陡峻的崖壁，这就是黄瓜箐热气沟。下至黄瓜菁，一股浓浓的硫黄味迎面扑来。路旁随处可见黄晶晶的硫黄。热气泉穿砂破石，不断喷出，热气的温度高达95℃左右。这里建有黄瓜箐温泉疗养所。疗养所的浴池就砌在冒气的地面上，引入溪水，地面的蒸气就把它加热成热水。

泡温泉是一种很特别的体验。除了常规的泡温泉之外，还有有没什么别的办法享受大自然赠送的美景呢？

除了泡热水，当地还有一种别有风味的沐浴方法，就是让蒸浴和水浴相结合。蒸浴用的床是在气孔上铺以卵石、沙子，再铺一至二寸厚的青松毛、牛筋草等，在这些青枝绿叶上再覆草席或蓑衣。入浴者卧在床上，盖上毯子，蒸气徐徐而上，约十来分钟，就开始发汗；半小时后，人就大汗淋漓，稍加搓拭，汗垢尽除；再下池沐浴，即全身滑腻；浴后通体爽快，疲劳尽消。

而在石墙温泉，还有一种热水泉蒸床。人们从温泉凿一条沟，把热水引进浴池，再在沟上搭上一具竹床。热水从床下流过，蒸气遂沿床而上，清洁、卫生。体验过的人们都十分喜欢这样的经历。

科学家分析后发现，这里的气泉含有大量叫做"氡气"的一种气体，以及其他多种化学物质成分。泉水与各种中草药配合，能治疗神经、消化、呼吸、心血管等系统的二三十种病症，其中尤以治疗风湿性关节炎、腰肌劳损、坐骨神经痛等疾病时效果显著。每年冬春两季的农闲时节，成百上千的附近居民常常会成群结队，携带着饮食行李来这里休息疗养。来的时候，大家都是一身的疲惫，离开的时候。大家的精神面貌都是焕然一新。这就是温泉的神奇作用。

我们再回到刚刚走到的黄瓜箐。继续往前约数百米，就会抵达澡塘河。河中有一个因地势形成的三丈高的瀑布。瀑布左侧的悬崖上有一个岩缝，好像一个蛤蟆嘴的样子。每隔几秒钟，蛤蟆嘴里就会同时喷出两股上大下小的水柱。有的水柱将近两米高，水温能达到95℃。这就是当地有名的蛤蟆口喷泉。当年，旅行到这里的徐霞客对它就有过一份详细的描述

瀑布右侧悬崖上有一个狮子头模样的泉口，从这里涌出的水量更大，形成的半圆形水柱有几米高。这里被人们叫做狮子头热泉。瀑布以下的河床上也喷涌出大量的热气、热泉，大团的白色浪花从河底翻腾而上，河面上水汽迷茫，白雾腾腾，非常壮观。在冬春季节，河水流量小的时候，整个河段的水温都在40℃左右，处处可以洗澡，这实在是一条名副其实的"澡塘"河。

民国初年，李根源先生曾在澡塘河畔的巨石上镌刻了"一泓热海"四个大字，"热海"两字非常醒目。1973年，北京大学地质系师生在此考察之后，又用"热海热田"命名了这个地方，整个"热海"的面积达到8万平方千米，包括了附近的近10个县市区。而我们一路看到的黄瓜箐、澡塘河瀑布和硫黄塘是这块地方最美的景观。

腾冲地区拥有中国保存最完好、最壮观的新生代死火山群，与火山相伴生的地热景观，更是国内罕见。这里的热瀑飞泻、沸泉喷涌……只有身临其境，才能深切地感觉到"热海"之奇妙。大家有机会的话，一定要来这片神奇的地方探险！

珍藏中国 中国的名泉

四 温泉与健身

畅聊温泉

温泉的形成

看过这么多神奇而又各具特色的温泉之后，我们来回顾一下，温泉究竟是什么呢？

温泉是泉水的一种，是一种由地下自然涌出的泉水，其水温高于环境年平均温度5℃，或华氏10以上。

温泉，又是怎么形成的呢？

温泉的形成，一般而言可分为两种原因：

一种原因是地壳内部的岩浆作用。在火山活动过的死火山地区，或者因为地壳板块运动而隆起的地方，其地底下都会有还未冷却的岩浆。这些岩浆会不断地释放出大量的热能，由于此类热源的热量量大而且集中，所以附近岩石中所有的地下水都会受热，变成高温的热水，甚至变成沸腾的蒸气。

第二种原因是地表水的渗透循环作用。也就是说，雨水降到地表后向下渗透，深入到地壳深处的含水层形成地下水。(砂岩、砾岩、火山岩等岩石都是良好的含水层)这些地下水因为钻的太深，受到了下方的地热加热而变成热水，深部的热水多数含有气体，这些气体以二氧化碳为主。当热水温度升高以后，如果遇到阻碍，水中的空气让水受到的压力就会愈来愈高，一旦找到裂缝，热水就会窜出地面，形成温泉。在高山深谷的地形中，谷底的地面水水位可能比高山中的地下水水位还要低，因此，深谷的谷底经常是受到两个水面的压力差的影响，所以这些地方的地面比较脆弱，一旦下面有热水，就会喷出地面，形成温泉。

一般说来，温泉的形成须具备三个条件：首先是地下必须有热水存在；其次是必须有足够的地下压力让热水上涌；最后是岩石中必须有深长裂隙供热水通达地面。只要满足这些条件，一个新的温泉就会诞生了。

举例来说，台湾能够拥有大量的温泉，就和上面说过的两种成因，以及我们总结出的三种条件都有着非常密切的关系。

祖国的明珠——宝岛台湾，处于地质学上的环太平洋地震带边缘，位于地球表面的欧亚板块和太平洋板块这两大板块之间。因此，台湾岛是一个火山活动相当发达的地区，频繁的火山活动造就了台湾的三大火山系统：大屯火山系(基隆火山、龟山岛)、东部海岸山脉以及澎湖群岛区。不过，到了今天，台湾大多数的火山都已经变成了不再活动的死火山。

尽管如此，由于地底深处尚有未冷却的火山岩浆继续流窜，台湾也形成了大量的温泉，火山活动又导致台湾许多地方的岩石很疏松，大量的降水进入地下，受到加热以后重新回到地面，也会形成新的温泉。温泉资源也是宝岛台湾重要的自然和旅游资源之一。

大家是不是会问，如果我们把水烧开再倒进池子里，是不是也算是温泉呢？哈哈，温泉是自然产生的，所以使用柴火烧或是热水器加热的水并不能算温泉，充其量只能说是"热水"哦。

温泉的类型

我们已经见到过许多种类的温泉，那么温泉又是怎么分类的呢？

温泉的分类也是很多样化的。首先，可以按照泉水中含有的化学成分把温泉分类。

温泉水中主要的成分是三种溶解在水中的、我们肉眼看不到的小东西，这些物质被称为"离子"，在非常先进的显微镜下才会现身的离子互相结合形成分子，一个个小小的分子组合起来，就会形成我们看到的各种物质。温泉水中最常见的离子有三种，它们分别被科学家称为氯离子、碳酸根离子和硫酸根离子。根据这三种离子在水中所占的比例高低，温泉可以分为氯化物泉、碳酸氢盐泉和硫酸盐泉。

除了这三种离子之外，有的温泉还含有其他的一些物质。例如重曹泉（重碳酸钠为主）、重碳酸土类泉、食盐泉（以氯化钠离子，也就是我们常吃的食盐为主）、氯化土盐泉、芒硝泉（硫酸钠离子为主）、石膏泉（以硫酸钙为主）、正苦味泉（以硫酸镁为主）、含铁泉（白磺泉）、含铜、铁泉（又称青铜泉）等等。其中，食盐泉也称盐泉，它们可按照含氯化物食盐的多少被分为弱食盐泉和强食盐泉。古时候，交通运输很不发达，在远离大海的地方，人们很难吃到海里产的食盐，于是这种含盐的温泉就变成了当地人民生活的重要依靠。

按照温泉所在地的地质特性，我们又可以把温泉分类为火成岩区温泉、变质岩区温泉、沉积岩区温泉等。按照温泉泉水流出地表时与当地地表的温度差，温泉又可被分为低温温泉、中温温泉、高温温泉、沸腾温泉四种。

我们的祖国资源丰富，美丽富饶。温泉资源在我国的分布也是非常广泛。中国已知的温泉点有大约两千四百多处。台湾、广东、福建、江西、云南、西藏等省、区温泉较多。其中，拥有温泉数量最多的是云南，这里有温泉400多处。其中腾冲的温泉最著名，它们数量多，水温高，富含硫质这三大特点让腾冲温泉闻名海内外。

▲腾冲热海珍珠泉

温泉的奇效

温泉的健身疗效

人们平时都在努力的生活、工作，这样时间长了，人就难免会感到疲惫不堪，身体的各个部分也会出一些小毛病。如果不注意这些小毛病，人就可能要生大病，最后不可不去医院治疗。那么，怎么才能解除身体的疲惫呢？

温泉疗法就是一种非常有效的疗法，既简单方便，又经济实惠，还不会占用太多的时间。因此，这种疗法受到了人们的广泛欢迎。

温泉疗法是一种自然疗法。泡温泉的时候，水中的大部分化学物质会沉淀到人的皮肤上，改变皮肤的外部环境。这样不仅能帮助人们清洁皮肤、排出人们身体外部的毒素，还能刺激人们身体内的神经系统、内分泌以及免疫系统，帮助人们的身体迅速恢复到最佳的状态。

人们很早就认识到了温泉的药用作用和对人体健康的作用，并把它运用在了日常的保健活动之中。早在3 000年前，在我国最古老的文字——殷商时期的甲骨文里，就已经有了"浴"、"沐"、"澡"、"洗"、"盥"这样的文字了。在战国时期的诗篇《楚辞九歌》中，就有"浴兰汤兮沐其华"的诗句。很早以前，人民群众就有了五月五端午节"蓄兰为沐浴"的习俗。

南北朝时梁简文帝萧纲所著的《沐浴经》，唐朝名医"药王"孙思邈完成的《千金要方》以及唐代《宫廷千金要方》等著作中，对温泉浴的沐浴方法、防治疾病、功效药用等都记载得非常详细。在唐朝，宫廷和民间都十分喜欢温泉浴，传说杨贵妃能够长期保持动人的风采就和坚持温泉沐浴有很密切的关系。纵观古今，温泉浴作为一种医疗保健方法和手段，以它独特的优势，一直被人们所认识和喜好。温泉疗法能直接作用于病变部位，见效快，无痛苦，还能起到无病防病的保健作用。这些特殊的作用是其他药物和手术治疗所不能比拟的，所以，温泉疗法备受历代医家的推崇和大众的欢迎。

那么，温泉疗法对人体来说，具体是怎样发挥作用的呢？

温泉对人体的医疗保健作用，主要包括物理和化学作用两个方面。物理方面的作用体现在泉水的温度、压力、浮力等地方。化学作用则主要体现在温泉所含的多种化学物质。这些化学物质通过刺激皮肤神经末梢，能够引起特定的神经反射，从而达到一定的医疗作用。另外的一些化学物质会透过皮肤进入体，或者在医生的指导下通过饮用直接进入人体，从而发挥它们的化学性质，产生治疗的效果。我国一些温泉疗养院通过多年实践证明，温泉理疗对多种疾病具有明显疗效。

大多数温泉里都含有一种独特的气体元素——"氡"。氡元素是医疗温泉里的一个特殊成分。氡元素的作用有几方面。一：抗衰老。让人们保持年轻。二：祛除老人斑。老人斑是一种皮肤病，是一种过氧化物的物质累积到皮肤表层的结果，而氡正好可以阻止这类过氧化物的产生。三：帮助减肥。氡可以调节人体内分泌，也可以调节中枢神经，还能增强人体新陈代谢，使人体内过剩的脂肪消耗掉。四：调节心律和血压。因为有着这么多重要的作用，氡非常受人们的欢迎。

很多温泉中都含有氡，只不过含量不同。如果泉水中的含氡量在110Bq/升以上，这个温泉就是"氡泉"了。泉水中含有的活性微量元素的量不同，泉水对人体产生的疗效也会有所不同。

其他类型的温泉对治疗人的一些特殊疾病也有特殊的效果。不同的温泉含有的化学物质不一样，泉水的功能也就不一样。所以，选择合适的温泉进行治疗，也是一门重要的学问。

由于温泉对人体有如此重要的作用，人们就开发出了多种多样的方法来利用温泉。那么，广受人们好评的利用方法有哪些呢？

海棠烟雨池：池中40摄氏度左右的硫酸钙镁型温泉水对消化系统、神经系统、心血管系统和皮肤病等有良好的医疗、保健效能，护理肌肤，保养容颜。

古井泉：是高出地面1米左右的井型热泉池，在此用桶取水沐浴，别有一番乐趣。

珍珠气泡浴：温泉水通过压泡喷射，使人体接受水流按摩刺激，可舒筋活血，松弛神经，并有一定的减肥功效。

木池泉：源于远古时代的沐浴疗法，融合现代乡村的独特风格，利用温泉水的功效，以木的芳香气味缭绕，使人体倍感舒适，精力充沛。

沙滩浴：当身体进入细细的海沙和滚烫的温泉水之中，将体会到由海沙和温泉水所组成的美容护肤方式，给人焕然一新的感觉，主要功效可去除身体上的死皮。

温泉游泳池：在温泉水的作用下，通过全身运动后，加速血液循环，对运动性功能障碍的恢复有较大作用。

花草药温泉：在温泉中加各种名贵中药、精选花粉，能有效地平衡人体阴阳，调节身体机能，对普通常见病有标本兼治的作用。特殊的花粉药浴，浴后身体芳香四溢，精神爽快。

此外，还有很多其他独特的方式的温泉疗法，例如温泉鱼疗，就是利

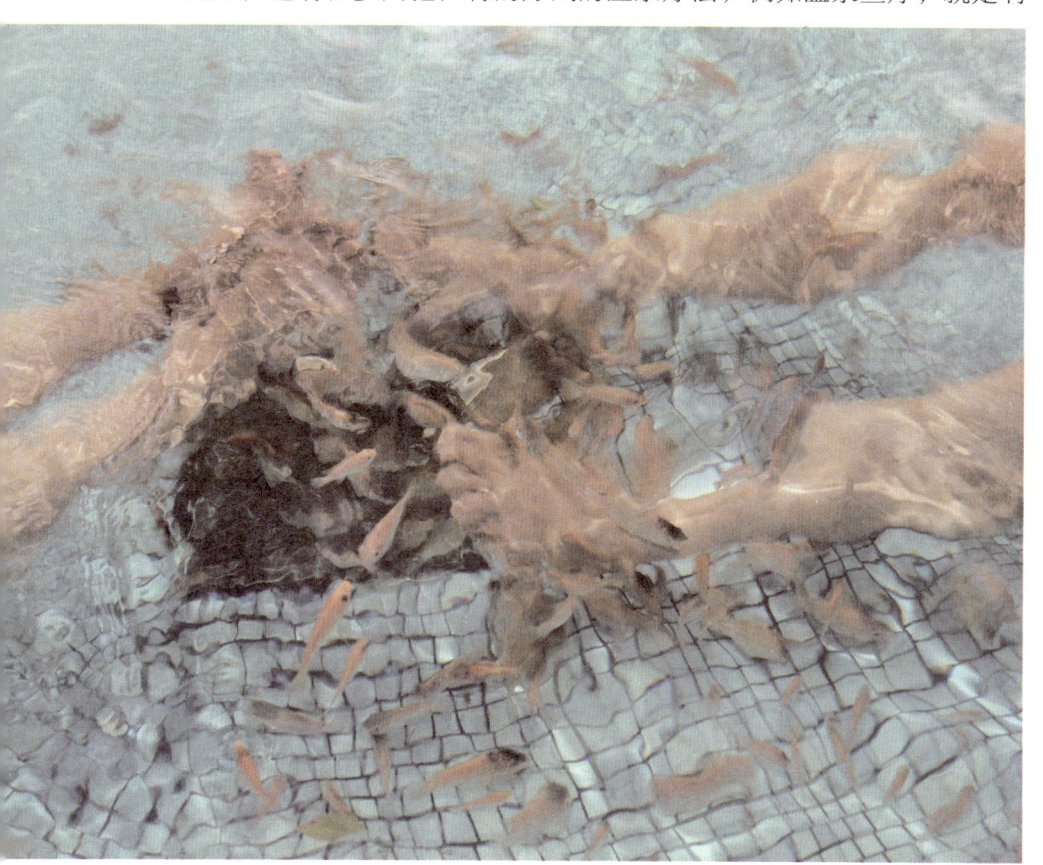

▲温泉鱼疗

用生活在温泉中的温泉鱼来帮助人们保健的一种办法。这种鱼最奇特之处在于，当人进入温泉时，温泉鱼不会闻风而逃，而是会主动围拢过来，与人亲密接触，这就是著名的土耳其温泉鱼疗法。这种被称之为纯天然的按摩疗法越来越被现代都市人所喜爱，它不仅具有美容保健效果，还把美容养颜与保健娱乐融为一体，达到延年益寿的神奇功效。

温泉是一种宝贵的资源，世界各国都非常重视对它的开发利用。在我国，温泉开发利用历史悠久，仅是史书上对温泉医疗保健作用就有大量的记载。在高科技发展的今天，人们要求回归大自然，拥抱大自然，返璞归真。现代人生活节奏快，工作紧张，闲暇之余进行温泉浴是一件对身体非常有益的事，这就给温泉浴提供了广阔的发展空间。很多温泉出产地区都成了著名的医疗保健和旅游度假风景区。在城市，温泉主要供应高级宾馆饭店和专营温泉旅游设施。温泉浴将以它独特的魅力走入百姓的日常生活中。

泡温泉的常识

温泉对人们有这么多的好处，坚持泡温泉，当然会让人受益良多。不过，泡温泉也有很多注意事项哦。

◆温泉的警示

患有一些特殊疾病的人们不能随便泡温泉，不然，不但不能治疗疾病，反而会对身体有害处。

癌症患者、结核病患者不宜泡温泉，洗后有可能诱发病灶转移；严重皮肤病患者也不宜泡温泉，有可能引起交叉感染；心血管疾病患者，要在医师的建议和观察下泡温泉；糖尿病患者不能泡过热的温泉，温度过高会加快新陈代谢，加重糖尿病人身体负担；孕妇不宜泡温泉，年纪大和体质弱的人，泡温泉的时候最好有人看护。

总之，温泉虽好，也要视自身情况而定，不要盲目"入汤"。这里特别要指出，温泉所含的硫黄及其他酸碱物质可以消炎杀菌，对一般感染性或寄生性皮肤病颇有疗效，但有时也会刺激皮肤伤口而造成恶化，甚至导致"温泉性皮肤病"。

泡温泉的时间不是越长越好。有的人觉得好不容易泡一回温泉，要泡就泡个够。泡温泉要记住一个原则：温度与时间成反比。入浴时间一般为一次浸泡5至10分钟左右，反复2至3次。水温低的温泉可在20至30分钟之间，每天的入浴次数应在2至3次之内，不宜频繁入浴。如入浴次数过多，将会导致体力消耗过大，反而引起疲劳，事与愿违。

有人认为把温泉里的成分留在皮肤上对身体有好处，其实不然。因为如果遇到像硫黄或碱分浓度高的温泉，不冲干净或擦干，待水分蒸发之后，留在皮肤上的浓度可能会增加数十倍，对皮肤的刺激很大，因此最好再冲一次清水。若要用清洁用品再洗一次身体，不要用含皂用品，水温低一点，也不要用力搓，洗后擦干全身。尤其是腋下、胯部、肚脐周围、四肢的皮肤褶皱处，随即脸部和全身抹乳液保湿，锁住皮肤水分。

◆温馨提示

对于喜欢温泉的人来说，注意以下一些事情是非常有必要的。

第一，进入温泉的时候一定要记得把身上的金属饰品摘下来，不然你会难过地发现自己心爱的首饰已经被硫化成黑色的了。

第二，避免空腹、饭后、酒后泡温泉，泡温泉与吃饭时间至少应间隔一小时。

第三，不宜长时间浸泡温泉，否则会有胸闷、口渴、头晕等现象。在泉水中感觉口干、胸闷时，就得上池边歇歇，或喝点饮料补充水分。

知识链接

享受温泉保健还有"浸、淋、泳"三种方式，"浸"就是在不同温度的池中反复浸泡，能承受高温度的游客在40℃的温泉池中浸泡，感觉特别刺激，皮肤好像有千万支细针进行针灸治疗；"淋"是在温泉花洒前由头至脚全身喷淋，或者用木桶盛起温泉水多次淋；"泳"就是在温泉泳场中畅游，热力按摩加上游泳锻炼，肯定是一项较高强度的体育运动。

瀑布浴：积水压冲击，可活络筋骨，达到治疗酸痛的效果。但请避免与泉水成直角直接冲击，以斜角舒缓水压并以毛巾敷于患部为宜。

半身浴法：将心脏以下部位浸泡于温泉中，可调整体温，平衡内分泌。

瘦身的小秘方：泡汤时以浸泡15分钟、起身5分钟、再浸泡15分钟为原则，反复2~3次，且浴后1小时内不进食，持之以恒，效果良好。

第四，皮肤干燥者浸泡温泉之后最好立刻抹上滋润乳液，以免肌肤水分大量流失引起不适。

第五，过烫过酸的温泉不要泡，温度在30℃～45℃比较适宜。

第六，最好不要独自一人泡，以免发生意外。

第七，泡完温泉后不必再用清水冲洗，但是强酸性温泉和硫化氢温泉刺激性较大，最好还是再冲洗一下，以防有副作用，皮肤容易过敏的人更要注意了。

第八，根据水质划分，温泉一般分为中性碳酸泉、碱性碳酸氢钠泉、盐泉和硫磺泉四种。温泉的水质不同，则对不同的病症具有不同的疗效。如各种成分都有的单纯泉，对于神经痛、风湿、皮肤病等有疗养作用；含有二氧化碳的碳酸泉，则对治疗高血压、心脏病有好处。所以泡温泉以前，最好先了解温泉的种类，并根据自身条件进行选择，才能真正达到泡温泉的预期目的，并可避免给身体带来伤害。

通过前面的介绍，大家也都知道温泉的水温不是都一样的，不同温泉有不同的温度，最低的就比周围的气温高一点，最高的能比开水还要滚烫。不同温度的水能够发挥的作用也是不一样的，大家一定要注意呀。

水温在34℃～36℃之间，对神经系统有明显的镇静作用，适应于有高血压、早期动脉硬化、轻度冠心病、神经功能症、脑血管外伤遗症、神经衰弱、植物神

▲泡温泉的美女

经失调、更年期综合症等病症的人群；每次8～15分钟，一次不超过20分钟，12～21次为一疗程。

水温在37℃～38℃之间，有镇静催眠，缓解血管痉挛作用，若有心血管疾病、高血压、神经衰弱、关节炎、脑溢血后遗症、失眠精神病（康复期）、烧烫伤等此类烦恼的人群，可以选择此温度等级；每次10～20分钟，一次不超过30分钟，12～24次为一疗程。

水温在39℃～42℃之间，有增进全身新陈代谢，兴奋神经的作用，对于有牛皮癣、神经性皮炎，慢性湿疹、肥胖、糖尿病、各种慢性类风湿性关节炎，慢发性盆腔炎等情况的人群非常适用；每次5～15分钟，一次不超过20分钟，12～18次为一疗程。

水温在43℃～45℃之间，短时间引起兴奋，时间长有明显镇静作用，还可以解痒，适用于有关节僵直，神经痛，风湿痛，胃肠病，皮肤病等人群；每次5～15分钟，6～12次一疗程（大于39℃对老年人血管功能不全者慎用）。

知道了这么多注意事项，大家会不会好奇，到了温泉旁边之后，怎样做才是泡温泉的正确流程呢？

第一步，探试池温。先用手或脚探测泉水温度是否合适，千万不要一下子跳进温泉泳池中。

第二步，脚先入池坐在池边，伸出双脚慢慢浸泡，然后用手不停地将温泉水泼淋全身，最后时不时让全身浸入到泉水中。

第三步，先暖后热。温泉区内设不同温度的泳池，从低温度泉到高温度泉浸泡要循序渐进，逐步适应泉水温度。

第四步，掌握时间。一般温泉浴可分次反复浸泡，每次为20至30分钟，如果感觉口干，胸闷，就上池边歇一歇，做一做舒展体操运动，再喝一些蒸馏水以补充水分。有些人喜欢让全身泡得通红，但要注意是否会出现心跳加速，呼吸困难的现象。

第五步，按摩配合。适当的穴位按摩会加强温泉保健的功效，对一些疾病有明显的治疗作用。

第六步，注意冲身。尽量少用洗发水或沐浴液，用清水冲身则可。

温泉文化

人们生活的世界里，充满了各种独特的文化。以温泉为中心，人们也发展出了独特的温泉文化。

温泉文化究竟起源于何处，这个答案也许已因年代久远而不可探寻了。一开始，人类发现动物经常在温泉中缓解疲惫。据说，日本人一开始并不知道温泉具有治疗疾病的功能，后来正是因为看到一只受伤的小动物在泡过温泉之后奇迹般地迅速复原，这才使他们开始认真地研究起温泉的功能。直到现代，人们才逐渐把泡温泉作为休闲养生、解压甚至治疗的方法，这种做法迅速在全球传播开来，受到了人们的喜爱。

中国的历史文化源远流长，中国的温泉文化也有很久的记录。

秦始皇建造了"骊山汤"，目的是为了治疗疮伤。徐福下海为秦始皇寻找长生不老药，辗转漂流到了如今日本的歌山县，在这里发现了温泉，至今当地仍保留了号称"徐福"之汤的温泉浴场。到了唐朝，唐太宗特意建造了"温泉宫"。唐代的诗人也留下了不少关于温泉的佳作。

温泉文化也可以分出好几个层次：

第一代温泉文化是洗浴的文化，就是人们常说的"泡汤"；第二代温泉文化是洗浴加游戏，强调温泉的动感、丰富；第三代温泉则是洗浴加休闲的文化，突出温泉是一种休闲旅游；最新的第四代温泉文化是最具包容性的，它不再专属年轻人，而是与上一代共同享有的引入保健概念的全新温泉。

这就是温泉的文化变迁，它最直接地反映着人们不同时期的不同需求。随着社会大众对健康的日益重视，第四代温泉闪亮登场。这类温泉最显著的特点就是提供适合不同体质的温泉浴，且通常会在入口处设有诊所，让游客在泡汤前接受简单的体检，以体现保健温泉的宗旨。根据体检结果，可在保健医师的指导下选择适合自己的温泉。另外，还有诸如消除疲劳、减肥美容之类的水疗方案可供人们选择。总之，多种多样的设施保证游客一年四季都可尽情享受温泉游。

珍藏中国 中国的名泉

五

泉水与文化

五 泉水与文化

货币用语中的"泉"

一说到"泉",大家就会想到潺潺的水流,低垂的杨柳,和煦的微风。可是,大家知道吗?在我国的历史上,"泉"这个词和货币还有着十分密切的关系呢。

在古代汉语中,泉与"钱"读音接近,可以互相替换使用。因为货币如泉水一样流通不息,人们又直接将"钱"称为"泉"。王莽篡位天下自己称皇帝后,因为当时使用的"钱"、"铢"等字的"金"旁与繁体"刘"字很接近,犯了他的忌讳,因他他下令正式以"泉"代"钱",铸造"货泉"、"布泉"以及"小泉直一"至"大泉五十"等六泉作为天下流通的货币。此后,三国的孙吴也发行了"大泉五百"、"大泉当千"等货币,而唐朝和五代也有"乾封泉宝"、"永通泉货"等货币流通。由于这么多货币的使用,"泉"字用作"钱"字就被留传了下来。后世文人更因"泉"比"钱"字风雅淡泊,少了很多"铜臭味",故尤喜称"钱"为"泉"。

我们来看看几种用"泉"字命名的货币吧!

◆ 货泉

货泉是最常见的一种汉代钱币,它是王莽天凤元年(公元14年)第四次货币改制的产物。货泉从天凤元年起一直流通到东汉光武帝建武十六年(公元40年),材质为青铜,尚见有铁质和铜夹铁者,钱文为悬针篆,泉中竖笔断开(货泉饼者字纹多平夷,铸造粗劣)。

版别有传形、异书、异范、合背、合面、圆穿、横划、星号、月纹、决纹、剪边等近百种,一般直径2.2厘米~2.4厘米,重约2.8克~3.6克,初期可达5克以上,传世极丰。货泉基本都是普通品种,

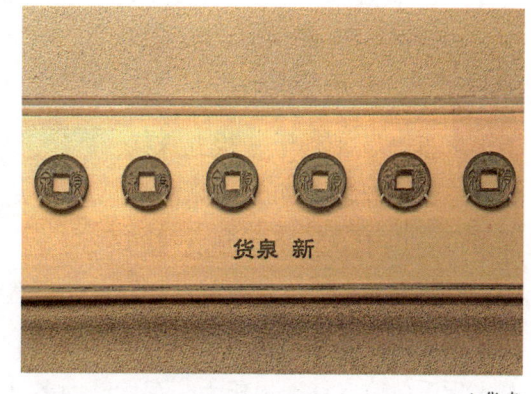

▲货泉

161

其中的版别有双廓、穿上半星、穿下左决文、穿下右决文等等。带记号的钱币多是表明铸地，一般双廓版式的工艺和质量都较佳，可能是早期中央铸造的；带星点决文的应该是其他地方钱炉所铸，铸造不甚精，可能年代较晚。总体来说，前期的货泉的大小和重量都相差不大，工艺较好，规范程度也比较高；但自新朝晚期至东汉初年，由于持续的社会大动乱和各股起义军、豪强武装的相互征战，经济受到极大破坏，轻小劣币及私铸货泉大量出现，晚期私铸货泉的重量尚不及正常的一半。

◆布泉

布泉为北周武帝宇文邕保定元年（561年）始铸，一以当五、与五铢钱并行。布泉铸工精致，内外廓齐整；"布泉"二字作玉筋篆横书穿孔两侧，古朴端庄。"泉"字中竖不断，一线贯底，是与新莽"布泉"除篆法不同外又一显著区别。钱径2.5厘米，重4.3克；肉实铜好，系北周三大美泉之一。

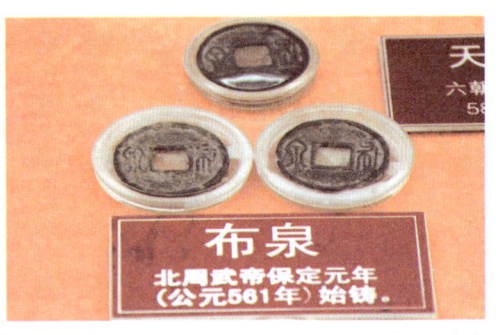

▲布泉

◆小泉直一

"小泉直一"是西汉末年王莽政权所铸造的六泉之一，铜质精良，文字精美，悬针篆。篆体泉字中竖断为两截，乃王莽泉之特点。按照新莽货币制度，一枚"小泉直一"相当于一枚五铢钱的价值，也是新莽布泉体系的基本单位。由于新莽货币制度目的在于利用虚值大钱快速搜刮民间财富，自然得不到民众的支持，六泉十布制度旋即作废。"小泉直一"虽然流通时间不长，但是由于是新莽货币体系的最小货币单位，铸造量极大，存世颇为多见，价格不高，如同新莽之"大泉

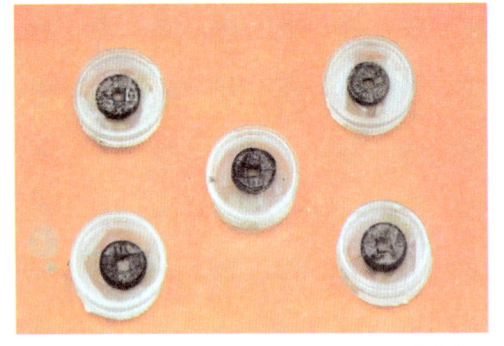

▲小泉直一

五十"。"大布黄千",直径1.5厘米,是新莽泉中铸造最粗者。六泉中除"大泉五十"外,"小泉直一"最容易见到。其他四泉,么泉一十,三级品。幼泉二十,三级品。中泉三十,二级品。壮泉四十,二级品。

◆大泉五十

"大泉五十"铸行时间虽然仅有13年,但其却是王莽新朝通行货币中流通时间最长、铸量最大的货币。"大泉五十"看似型制单一,但其版别多,内涵丰富,近年不断有新品种面世,尤其是背有纹饰、吉语及动物图案的版别发现极多。

"大泉五十"品种从币值形态分有二大类四种。官铸的"大泉五十"钱径约28毫米,质重十二铢,出土实物合今制8克;厚重型多是盗铸币,重量10克左右,实物中有重达15克者。另一类是天凤元年(公元14年)王莽废止宝货制允许"大泉五十"贬值、"枚俱值一,与新币并行流通"期间,民间熔毁厚重"大泉五十"盗铸的薄小"大泉五十",实物径在26毫米,重在3克左右。还有一种是王莽新朝末年动乱时期私盗铸的"大泉五十"么荷钱,实物质重在0.5克左右。上述四种,厚重型及么荷钱比较少,其他两种出土量较大,为常见普通品种。

重轮钱始于王莽时

▲大泉五十

期。重轮版式的"大泉五十"除有双层轮廓特点外,文字也很有特点:其"大"字如同飞翔的家燕,似如燕头的顶端由双线构成,下伸波折如同飞翔中的双翅,撇捺如同燕尾;"泉"字顶端呈波浪状(非重轮品一般较平)形如"山"字。冲压刻画轮廓的假重轮钱,文字无此特点。

说到重轮"大泉五十"的特点,还应注意的是该钱中还有一种类同重轮的额轮钱,文字不具重轮钱特点。所谓额轮,即钱轮廓出现外高内低两层轮廓,但双轮并不如重轮规范,沟谷平浅。额轮多是王莽新朝初期铸币,重轮多是后期铸币,额轮可能是重轮的雏形。

重轮"大泉五十"存世众寡及寻觅难易度与合背"大泉五十"差不多,少于传形钱。但钱径在23毫米的薄小型重轮钱就比较稀少,很难寻觅,各谱录亦未见刊图。右图是一枚小型重轮钱。

背四出纹版式"大泉五十"比较稀少,很难寻觅,因此伪品极多。作伪者将四出的四条线做成可延伸交叉的四条线,如同东汉四出"五铢"背饰。真品的背四出纹饰,可能是信手刻范,对角线不在一个水平线上,其中一条线角度偏斜较大,其延伸不能成垂直交叉线。

背四直纹"大泉五十"是近年发现的新版式,类似于背四出纹"大泉五十",比较稀少难寻觅。背四出纹"大泉五十"的四条纹线由内廓两边交汇角处至轮廓,而背四直纹则是由内廓边中心至轮廓。这种版式"大泉五十"是王莽中后期"枚俱值一"期间的薄小型铸币,多出土于四川。

类似于背四直纹版式的"大泉五十"钱,近年还发现一种背"丁"字形纹版式亦极为少见。与"丁"纹版式类近的,近年还发现有背规矩纹"大泉五十"亦稀少很难寻觅。规矩纹饰流行于西汉,是西汉铜镜常用纹饰的一种。

类似规矩纹版式的"大泉五十",最近有人还发现一种背"丹"字纹版式。该钱背内廓与外廓下半部由四条线联结,形成缺点"丹"字。这种纹饰不知寓意什么。

"大泉五十"版式近年还发现有面、背及面与背均有四决纹版式的。面背均有四决纹版式,据称多出土于云南,中原地区十分少见。这种版式的决文比较长,很难寻觅。

帝王与温泉

尊贵的古代温泉

在我国古代，皇帝拥有着最大的权利，他们喜欢游山玩水，喜欢收集财宝，也想要身体健康，甚至长生不老。于是，有独特作用的温泉就受到了古代帝王们的特殊喜爱。

▲华清池

帝王泡温泉的最早记载，可能要追溯到华夏民族的始祖——黄帝。在安徽的黄山，有处黄山温泉。这处温泉在古代被称为"灵泉"、"汤泉"、"朱砂泉"，它从紫云峰下喷涌而出，与桃花峰隔溪相望。

民间传说，轩辕黄帝在黄山温泉洗过澡，头发由白变黑，返老还童，黄帝极为高兴，便称黄山温泉为"灵泉"。从此，温泉闻名四海，向来有我国东南名泉之称。黄山温泉含有多种对人体有益的微量元素，水质纯正，温度适宜，可饮可浴。唐代诗人贾岛曾发出"遐哉哲人逝，此水真吾师"的感慨。

与帝王渊源最深的，应该是陕西的华清池。秦始皇、唐太宗、唐玄宗等帝王，都与之结下缘分。

华清池位于临潼县南骊山西北麓，距西安市30千米。古时，这里已是长安附近的旅游胜地。在2 700年前的西周时，这里的温泉已被发现，名为"星辰汤"。

西周的幽王曾在此建有离宫。秦始皇当上皇帝的时候，又在这里修筑离宫，引泉入室，起名"骊山汤"。汉武帝时再度扩建了离宫。唐太宗贞观十八年(645年)又营建了许多宫阁，如"汤泉宫"等。唐玄宗天宝六年(747年)，又在此大兴土木，就山势兴建行宫，改名为"华清宫"，规模更为宏伟、富丽，有二阁、四门、四楼、五汤、十殿。唐玄宗每年冬天携杨贵妃来此游宴、沐浴。诗人白居易曾在名诗《长恨歌》中赋："回眸一笑百媚生，六宫粉黛无颜色。春寒赐浴华清池，温泉水滑洗凝脂。"华清池原来有建筑，安史之乱后已遭毁坏。现今华清池许多古色古香的亭台楼阁、名泉名池，是新中国成立以来修建的。

从公元745年-755年，每年10月，唐玄宗都要偕贵妃和亲信大臣来华清池"避寒"，直至翌年暮春才返回京师长安。"安史之乱"后，历代虽有修葺和振兴之举，但终未能使盛唐恢弘再现。从开元二年到天宝十四年间(714年~755年)，唐玄宗共正式出游华清宫36次。临时短期出游不计其数。每次出游均有百官羽卫随行，简直把中央政府机关全部搬到了华清宫。随着玄宗的频繁巡幸，华清宫周围商贾云集，里闾纵横，形成了京城东侧的新型城市；这里曾见证唐玄宗与杨贵妃的爱情故事，从"春寒赐浴华清池，温泉水滑洗凝脂"，到"渔阳鼙鼓动地来，惊破霓裳羽衣曲"，凄婉感人的历史故事就发生在这里。

到了清朝，有康熙、乾隆两位皇帝的沐汤故事。清朝皇帝每次去清东陵必先去沐浴"汤泉"，康熙帝曾做诗赞美道"汤泉泉水沸且清，仙源遥自丹砂生，沐日浴月泛灵液，微波细浪流踪峥"，一边泡温泉，一边批奏折，"工作"、享受两不误。乾隆帝也曾留下了行宫听政的故事。在这水汽蒸腾氤氲中，水温缓缓地渗入肌肤，全身心都能在这温水中得到最大的放松。

温泉因帝王而闻名，帝王因温泉而更神清气爽。在每个历史阶段，都有不少著名的温泉被发现，被利用。但是，温泉文化的兴衰必然随着政治经济中心的转移着发生变化，沿着中国的政治发展史推进，从而演绎出两条发展脉络：其一是由中原发达地区向南北发散推进的过程，其二是由庙堂帝王向百姓扩张的过程。庙堂文化为一脉，江湖文化为一脉，二者时而交错缠绕，时而各自渊流，而文人骚客又穿插其中，演绎出温泉文化的精彩与寂寥。

倘若说华清池几属帝王之专有，庐山温泉便可以说集"御用"和"民用"为一体，兼而有之，成为温泉文化发展的极好例证。那么，庐山温泉又有什么独特的地方呢？

庐山温泉历史的变迁经历了膜拜时期、药用时期、疗养时期和休闲时期四个阶段。很少有一个温泉是能完整经历这四个时期的，庐山温泉则发展完备、脉络清晰，是温泉文化的一个十分突出的例子。它因其独特的山水环境，在每个温泉的历史时期都获得了丰富的文化积累，展示了温泉发展兴与衰的演变过程。

庐山温泉来由奇特。相传东林寺始祖慧通大师到庐山云游，见黄龙作恶，残害乡民，便挥剑镇龙，终而跨龙飘然逝去。龙穴化为清泉，味同甘露，四季常温。以水浴身，祛病消灾，百姓奉为"神水"。后建黄龙寺记之，香火曾盛极一时，这便是温泉的膜拜时期。因温泉的功效奇特，而当时科学知识又不足以对其进行解释，这时便产生了膜拜心理，随之而来的往往还有美丽的传说。这种原始的温泉崇拜，集中在很少数的温泉身上，庐山温泉算是其中一。

庐山温泉的历史，最早见于记载是在东晋。陶渊明隐居于庐山山南温泉，每日耕田种菊，饮酒作文，欣然自得，写下了著名的《桃花源记》和

《归去来兮辞》，山以文显，庐山温泉因而名见经传。在他之后的谢灵运、董承等人都曾在此结庐而居，在温泉留下了醉卧石、燔经台、杏林池等名胜。"采菊东篱下，悠然见南山"中的"南山"便是现在庐山的黄龙山麓，离温泉井仅数百米之遥。而此时的温泉能被载入史册的十分稀少。

到北魏《水经注》出现时，所记载的温泉共有31个，其中12个可以疗养。按温度的不同从低温到高温分5个等级，依次为"暖"、"热"、"炎热特甚"、"炎热倍甚"和"炎热奇毒"。如"炎热特甚"的温泉，可以将鸡、猪等动物的毛去掉；"炎热倍甚"能使人的足部烫烂；"炎热奇毒"泉水可以将稻米煮熟。《水经注》多次提到"大融山石出温汤，疗治百病"，"温水出太一山，其水沸涌如汤。杜彦回曰，可治百病，水清则病愈，世浊则无验"等。由此可见北魏时期的温泉发现还都集中在广义上的中原区域，依然是随着中国政治经济中心的转移而变化的。

庐山温泉到了隋朝开始被世人瞩目。当时已建有黄龙寺，因温泉水治病的神奇功效，被百姓奉为圣地。山水以娱目，温泉可洗尘，在记载里描述有如居处天境一般。"云里前朝寺，修行独几年？山村无施食，盥漱亦安禅。古塔巢溪鸟，涂房闭谷泉。自言僧人室，此处梵王天。"从这首初唐于鹄题写的《温泉僧房》可以推测，隋唐时期的庐山温泉，膜拜达到鼎盛时期，建立起了僧房，吸引了众多善男信女前来烧香祈愿。但它和同期的华清池相比，自然属于下里巴人的级别了。

到唐朝时，庐山温泉被文人骚客所青睐。李白、白居易等人谒陶

▲华清池中的杨贵妃塑像

居，观醉石，必经温泉。豪兴之余，多有诗歌赋之。"一眼流泉流向东，浸泥浇草暖无功。骊山温水因何事，流入金铺玉瓷中。"（白居易《题庐山山下温泉诗》），此诗即其一。

唐朝时期，中国古代文化达到鼎盛阶段，温泉的发掘也开始涉及了长江以南。湖南的灰汤温泉、江西宜春的温汤温泉都留下了李白、韩愈等人的足迹和歌颂诗文。"莫以宜春远，江山多胜游"使宜春温汤温泉名见经传。唐会昌元年（公元841年），我国佛教禅宗五派之一沩仰宗创始人慧寂禅师创建的栖隐寺（太平兴国寺）也开始在温泉边上香火旺盛。会昌五年，温汤人易重成为江西的第二位状元。至南宋绍兴十九年（1149年）时，温汤温泉更因为出了个孝宗皇帝的正宫娘娘而轰动一时，成为当朝权贵向往之地。现在天沐温泉开发出五星级的天沐，江西明月山温泉度假村，也正是看中了其优美的自然山水及丰富的历史文化。

宋朝又是庐山温泉兴盛的一个高峰。黄龙寺扩建为大寺院，香火鼎盛，佛灯长明，改名为"黄龙灵汤院"。北宋名僧可迁禅师做了一首《黄龙灵汤院》阐明禅意主张："禅庭谁化石龙头，龙口温泉沸不休。直待众生总无垢，我方清净混常流。"当时，在庐山山南有五大禅寺，其中规模最为宏大的归宗寺便是建立在庐山温泉边上，在北宋的百年间，一度成为禅宗发展与推广的集散地，地位显赫。因此到1006年时，宋真宗御赐"灵阳净慧禅院"，使庐山温泉也从平民化走上了皇室化，多了一层富贵景象。有趣的是，苏轼1084年到庐山温泉后，这一位自认修禅很有境界的文豪禅心大发，和可迁的诗云："石龙有口口无根，自在流泉谁吐吞？若信众生本无垢，此泉何处觅寒温？"一时成为诗坛上的佳话。

明代著名医药学家李时珍曾亲临庐山温泉考察，并在他的巨著《本草纲目》中详尽记载了庐山温泉的性质、作用、治疗方法、适应症及效果，对其疗效、泉质提出了精辟的见解和科学的论断。其文曰："庐山温泉四孔，可以熟鸡蛋。……患有疥癣、风癫、杨梅疮者，饱食入池，久浴后出汗以旬日自愈也。"李时珍在《本草纲目》中将我国的矿泉分为热泉、冷泉、甘泉、酸泉和苦泉，是我国最早的温泉分类学者之一。并且，他把温泉直接划归为药引之一，写下温泉功效有："温泉主治诸风湿、盘骨挛缩及肌皮顽痹，手足不遂……"至此，温泉历史进入了真正意义上的药用时期。

之后，由于战乱的影响，庐山温泉逐渐荒废。到清朝时，温泉井口仅剩其二，黄龙灵汤院也成为陈迹。而于此时，温泉的开发却开始遍布全国各地，包括蒙古、辽宁及云南等地。由此也可以看到温泉的开发必然受政治经济中心转移的影响。

1932年，熊式辉主持江西省政，授命下属拨款一万元，建立起现代化的温泉浴室。庐山温泉的疗养时期到来了。陈炎冰教授《温泉与医疗》记载："九江之庐山温泉，风景特佳，建有新式澡堂，颇为壮观。"就是这个时候，宋美龄来到庐山温泉浸浴，留下了一段美人出浴的佳话。50年代后，新中国修建庐山温泉工人疗养院，庐山温泉焕发出新的光彩。1983年10月，中国书法家协会主席，有着"红军第一书"之称的舒同先生到庐山温泉工人疗养院疗养视察。疗养期间，舒同先生对温泉本身的疗效及工作人员的敬业十分感怀，于是手书"庐山温泉"四个大字题赠给疗养院。庐山温泉工人疗养院因此一度成为国内三大温泉疗养院之一，与辽宁汤岗子温泉疗养院、湖南灰汤温泉工人疗养院齐名。

庐山温泉在疗养时代取得了很好的声誉，即使后来因经济发展的变化衰败了，也因此奠定了它作为休闲时期发展高峰的基础。

温泉养生文化，推崇身心魂合一。中国的文化有一个发散的过程，一般都以从中原向南北扩散推进的形式，逐渐成为全国性的文化。温泉文化也有这样的一个历程。唐宋期间，温泉的开发利用，基本还是集中在中原及长江中下游区域。其他区域固然发现了很多数量的温泉，但因政治经济的影响，都没能产生丰富的文化。元代时期，温泉文化才开始扩散到最北边。内蒙古的敖汉温泉、克什克腾旗温泉已经开发利用，史载元世祖曾于克什克腾旗温泉驻跸。

明清时期是中国温泉的又一个大发展时期，温泉文化基本普及到了全国各个区域。有"天下第一泉"之称的云南安宁温泉，云南腾冲县热海温泉都是这个时期由著名地理学家、旅行家徐霞客和大学者杨慎亲自实地考察发现的。辽宁小汤山温泉因满族的兴起，成为帝王宸游禁地，建起了汤泉行宫；承德热河温泉也开发出来——"吐玉喷珠飨佳宾，寒来最是见精神，冰封塞外三千里,泉水独留一段春。"后人评价很高。

那么,温泉为什么能得到上至帝王,下至平民的一致追捧呢?这就得从中国养生文化上寻找原因。前面说到,中国温泉文化每一个篇章中都留有皇家的烙印,而帝王养生也是中华温泉养生文化的精髓。

秦始皇为治疗疮伤而建"骊山汤",由此开中国温泉养生之先河。汉朝皇帝喜欢将西域进贡的香料煮成香水倒入温泉池中,以沐香汤。隋唐皇家大兴土木,扩建华清池,还设有温泉监这一官职,专门负责皇家沐汤事务。唐皇于温泉养生十分讲究,温泉养生的器物用品大多采用玉器、桃木等辟邪之物,据史料记载,唐玄宗浴池中用白玉雕镌的鱼龙凫雁竟能随水流而展翼,有若活物。唐明皇沐浴前后的饮食都由随行太医特别调配,并详细记录在案,甚至连入浴的时间都有要求。如是这些,除了史料的零星记载,大多已不可考。但都说明了在中国养生文化中,人们把沐浴温泉当成了疗养身体、释放心灵甚至是灵魂皈依的一种养生途径,大为尊崇。

时代的发展使普通人可以享受只有帝王才能享受的东西,比如玉龙温泉的温泉养生。身处环境幽雅的真山水温泉,品味着个性化的手法,享受着沐汤礼仪九步六法的尊贵,在山水自然中调养生息,穿过千年的水汽氤氲,寻一方天地,体会自心本性,达到身、心、魂合一的人生至境,不亦乐乎!

李世民与《温泉铭》

唐太宗李世民不仅是我国历史上一位杰出的帝王,同时也是中国书法史上一位重要的人物,以身体力行促使唐代书法成为书法史上最辉煌的一页。说起来,李世民的书法和我们要介绍的温泉,还有一段难解的渊源呢!

贞观十八年(公元644年),李世民在骊山温泉营建"汤泉宫"(也即今日之华清池)。贞观二十二年(公元648年)新宫竣工,李世民率文武百官临幸新宫,亲笔御书《温泉铭》来颂扬骊山温泉,并命石匠制碑拓印以示群臣,开创了中国书法史上以行书入碑的先河。

《温泉铭》中说:"朕以忧劳积虑,风疾屡婴,每濯患于斯源,不移时而获损。"原来李世民患风湿病多年,正是在骊山泡温泉治愈的。李世民以帝王之尊而如此隆重的亲自为温泉立铭宣传,足见当时世人对温泉的认识和重视。

《温泉铭》原碑已亡佚。现存唐代拓本残片，仍可一窥李世民遒劲飘逸、奔放圆熟的书风。

▲温泉铭碑

华清池史话

华清池是国内有文字记载开发利用最早的温泉，恐怕也是人们最耳熟能详的温泉，素有"天下第一温泉"之称。早在西周时这里的温泉便已被发现，叫"星辰汤"。幽王曾在此建"骊宫"，至秦始皇以石砌池，名"骊山汤"、"神女汤"。后经汉、隋、唐历朝帝王修扩，至唐玄宗时，宫室扩建并纳汤池于其中，宫室改名"华清宫"，汤池从此也改叫"华清池"。

华清池因为唐玄宗的爱妃杨玉环在此一濯芳泽，以及他们之间缠绵悱恻的爱情故事而从此蜚声天下。华清池现存唐代汤池中有一个海棠汤，池内平面呈盛开的海棠花状，便是当年唐明皇作为爱情的礼物赐给杨贵妃的，也称贵妃池。杨贵妃有羞花闭月之貌，她的美因温泉水的滋养而更加妩媚迷人。白居易《长恨歌》中"春寒赐浴华清池，温泉水滑洗凝脂。侍儿扶起娇无力，始是新承恩泽时。"记录的便是杨贵妃在海棠汤出浴后的娇态，为世人留下了一幅美丽的"贵妃出浴图"。据说，杨贵妃能长期"三千宠爱在一身"，与沐浴温泉大有关系。

华清池见证过众多历史风云变幻。现代史上震惊中外的"西安事变"也是发生在这里。1959年，郭沫若先生游览华清池后感慨万千，亲笔题写"华清池"金字匾，并欣然作诗曰："不仅宫池依旧制，而今庶民尽天王。"

三 汤岗子温泉文化

　　汤岗子温泉的历史可谓源远流长。相传，唐朝太宗李世民率兵东征，途经此地，征途遥远，将士们疲惫不堪。唐太宗李世民的坐骑马失前蹄，不想竟踏出一泓清澈的泉水。将士们在此安歇休整，洗浴征尘，神奇的泉水将疲劳一扫而光，军队士气大振。当即，李世民登上身后小岛的亭阁，凝视东方许愿："如果我东征得胜归来，必将重新修建此亭。"果然，此次东征大获全胜。唐太宗李世民不忘诺言，命人重修此亭，名叫"祈愿亭"。

　　对于汤岗子温泉由来的真实性我们已无从考证，但唐太宗东征时期，将士们在此洗浴却有史料记载。据《海城县志》记载，唐贞观十八年时，温泉即已发现。据碑史记载，唐太宗李世民东征时曾至此并赴泉"坐汤"（当

汤岗子温泉全泥宫

地人称沐浴为坐汤），浴后大悦，并立"祈愿亭"以资褒奖。辽、金时曾在此设"汤池县"，县以泉而得名。据传金太宗也曾来这里"坐汤"。温泉附近有明崇祯三年所立《娘娘庙碑》。明崇祯年间，汤岗子温泉以其"名池秀峰"之誉吸引了众多善男信女争相进香，各地商贾也云集于此。清乾隆年间，乾隆皇帝三次回盛京祭祖，途经汤岗子也曾驻跸沐浴。

温泉附近现遗有《重修龙王庙》残碑一块，依稀可辨认"重修龙王庙碑"及"乾隆二十四年"（公元1760年）字样。据此，可认为此处曾建有一座龙王庙，建、毁于何时已不可考。据口碑资料，在今温泉水库附近确有龙王庙遗址。建庙时间至少在清乾隆二十四年（公元1760年）以前。

晚清以来，汤岗子温泉目睹了日俄侵略者在东北大地犯下的滔天罪行。

中日甲午战争和日俄战争期间，日军和俄军先后占领汤岗子地区，侵略者看中了这里神奇的泉水，建立官兵疗养所，以供官兵疗伤。1904年俄军在汤岗子温泉地设立官兵疗养所。1905年8月30日，日军总司令部自大连移设于此地，占据半的房屋，谓"满州军总司令部"，并把此地兼做"陆军转地疗养所"。

民国初年，日本的"满铁株式会社"设计并建造了以温泉为中心的大公园，当时公园面积已达53.68万平方米，成为当时伪"满洲国"著名的游乐场所。日本裕仁天皇的叔叔、二弟、三弟及日本驻奉天（沈阳）总领事大桥东一等都曾数次来此避暑享乐。

20世纪初期，满铁又修建了玉泉馆和对翠阁。1931年11月13日，溥仪曾到这里的对翠阁楼上住了一个星期，又于1932年3月6日，在由旅顺赴长春的途中，偕同皇后婉容及清朝遗老遗少第二次来到汤岗子，下榻对翠阁。

世事沧桑，斗转星移，汤岗子温泉屈辱的历史已成为过去。新中国成立后，历经沧桑的汤岗子温泉又一次焕发了青春，成为全国最大的疗养胜地和慢性病治疗中心。它占地64万平方米，拥有床位1 300张，职工近千人。这里是卫生部认定的全国物理康复医师培训基地，同时也是辽宁省康复中心及辽宁省康复医学研究会所在地。中华医学会的《中华理疗杂志》编辑部也设在这里。近10余年来，随着对外开放力度的加大，通过与俄罗斯、日本、韩国等国家进行广泛的合作，这里已逐渐走向世界，成为国际康复理疗胜地。

古人论水

我国的茶文化源远流长。那么，古代对于茶和泉水有什么精彩的论述呢？

在唐代以前，尽管人们饮茶已经很普遍了，但是，那时的人们习惯于在煮茶时加入各种香辛佐料。在这种情况下，人们对茶的色、香、味、形并无多大要求，因而对水品要求也不高。唐代开始，随着茶品的增多，以及清饮雅赏之风的开创，才对水品有了较高的要求。据唐代张又新《煎茶水记》记载，最早提出鉴水试茶的是唐代的刘伯刍，他"亲揖而比之"，提出宜茶水品七等，开列如下：

扬子江南零水第一；无锡惠山寺石水第二；苏州虎丘寺石水第三；丹阳县观音寺水第四；扬州大明寺水第五；吴淞江水第六；淮水第七。

而清代的曹雪芹在《冬夜即事》诗中，主张"却喜侍儿知试茗，取将新雪及时烹"。认为雪水沏茶最佳。总之，古代茶人，对宜茶水品议论颇多，说法也不完全一致，归纳起来，大致有以下几种论点。

第一是择水选源，如唐代的陆羽在《茶经》中指出："其水，用山水上，江水中，井水下。"明代陈眉公《试茶》诗中的"泉从石出情更洌，茶自峰生味更圆"。都认为试茶水品的优劣，与水源的关系甚为密切。

第二是水品贵"活"，如北宋苏东坡《汲江煎茶》诗中的"活水还须活火煎，自临钓石取深清"；宋代唐庚《斗茶记》中的"水不问江井，要之贵活"；南宋胡仔《苕溪渔隐丛话》中的"茶非活水，则不能发其鲜馥"；明代顾元庆《茶谱》中的"山水乳泉漫流者为上"。凡此等等，都说明试茶水品，以"活"为贵。

第三是水味要"甘"，如北宋重臣蔡襄《茶录》中认为"水泉不甘，能损茶味"；明代田艺蘅在《煮泉小品》说"味美者曰甘泉，气氛者曰香泉"；明代罗廪在《茶解》中主张"梅雨如膏，万物赖以滋养，其味独甘，梅后便不堪饮"。强调的宜茶水品在于"甘"，只有"甘"才能够出"味"。

第四是水质需"清"，如唐代陆羽的《茶经·四之器》中所列的漉水囊,就是作为滤水用的,使煎茶之水清净。宋代"斗茶",强调茶汤以"白"取胜,更是注重"山泉之清者"。明代熊明遇用石子"养水",目的也在于滤水。上面说的都是一个意思,宜茶用水,以"清"为本。

第五是水品应"轻",如清代乾隆皇帝一生中,塞北江南,无所不至,在杭州(浙江)品龙井茶,上峨眉(四川)尝蒙顶茶,赴武夷(福建)啜岩茶,他一生爱茶,是一位品泉评茶的行家。据清代陆以湉《冷庐杂识》记载,乾隆每次出巡,常喜欢带一只精制银斗,"精量各地泉水",精心称重,按水的比重从轻到重,排出优次,定北京玉泉山水为"天下第一泉",作为宫廷御用水。

以上的几位古代名人,对适合泡茶的泉水的选择,都有一定道理,不过,难免有一些片面。对这个问题做出过比较全面的评述的,要数北宋的皇帝——宋徽宗赵佶。他在《大观茶论》中提出,宜茶水品"以清轻甘洁为美"。清人梁章钜在《归田锁记》中指出,只有身入山中,方能真正品尝到"清香甘活"的泉水。在中国饮茶史上,曾有"得佳茗不易,觅美泉尤难"之说。多少爱茶人,为觅得一泓美泉,着实花费过一番工夫。

▲《斗茶图》

茶与水

古人往往是通过自己的感觉来评价泉水的好坏,现代的人们则能够通过科学分析和自身感觉相结合来评价水质的高低。人们通过这样的方法,会得出什么结论呢?

浙江省杭州市就做过这样一次评比。

杭州的专家们经过对多种饮用水的化验检测和专家品评,得出的结论是:泡茶以虎跑泉水和云栖水最好;西湖水、钱塘江水次之;城市天落水和自来水再次之;城市井水最差。专家们对各类水的具体评价如下:

第一等是山泉水。山泉水大多出自岩石重叠的山峦。山上植被繁茂,从山岩断层细流汇集而成的山泉,富含二氧化碳和各种对人体有益的微量元素;而经过砂石过滤的泉水,水质清净晶莹,含氯、铁等化合物极少,用这种泉水泡茶,能使茶的色香味形得到最大限度发挥。但也并非山泉水都可以用来沏茶,如硫黄矿泉水是不能沏茶的。由于山泉水也不是随处可得,对多数茶客而言,只能视条件和可能去选择宜茶水品了。

第二等是江、河、湖水。它们属地表水,含杂质较多,混浊度较高,一般说来,沏茶难以取得较好的效果。但在远离人烟,又是植被生长繁茂之地,污染物较少,这样的江、河、湖水,仍不失为沏茶好水。如浙江桐庐的富春江水,淳安的千岛湖水,绍兴的鉴湖水就是例证。唐代陆羽在《茶经》中说"其江水,取去人远者",说的就是这个意思。唐代白居易在诗中说"蜀水寄到但惊新,渭水煎来始觉珍",认为渭水煎茶很好。唐代李群玉说"吴瓯湘水绿花",意思是湘水煎茶也不差。明代许次纾在《茶疏》中更进一步说"黄河之水,来自天上。浊者土色,澄之即净,香味自发"。言即使浊混的黄河水,只要经澄清处理,同样也能使茶汤香高味醇。这种情况,古代如此,现代也同样如此。

第三等是雪水和天落水(雨水和露水)。古人称之为"天泉",尤其是雪水,更为古人所推崇。唐代白居易的"扫雪煎香茗",宋代辛弃疾的"细写茶经煮茶雪",元代谢宗可的"夜扫寒英煮绿尘",清代曹雪芹的"扫将新雪及时烹",都是赞美用雪水沏茶的。至于雨水,一般说来,因时而异。

秋雨，天高气爽，空中灰尘少，水味"清冽"，是雨水中上品；梅雨，天气沉闷，阴雨绵绵，水味"甘滑"，较为逊色；夏雨，雷雨阵阵，飞沙走石，水味"走样"，水质不净。但无论是雪水或雨水，只要空气不被污染，与江、河、湖水相比，总是相对洁净，是沏茶的好水。可惜，近代不少地区，特别是工业区，由于受到工业烟灰、气味的污染，使雪水和天落水也变了质、走了样。

第四等是井水。井水属地下水，悬浮物含量少，透明度较高。但它又多为浅层地下水，特别是城市井水，易受周围环境污染，用来沏茶，有损茶味。所以，若能汲得活水井的水沏茶，同样也能泡得一杯好茶。唐代陆羽《茶经》中说的"井取汲多者"，明代陆树声《煎茶七类》中讲的"井取多汲者，汲多则水活"，说的就是这个意思。明代焦竑的《玉堂丛语》，清代窦光鼐、朱筠的《日下归闻考》中都提到的京城文华殿东大庖井，水质清明，滋味甘洌，曾是明清两代皇宫的饮用水源。福建南安观音井，曾是宋代的斗茶用水，如今犹在。

第五等是人造的自来水。它含有用来消毒的氯气等，在水管中滞留较久的，还含有较多的铁质。当水中的铁离子含量超过万分之五时，会使茶汤呈褐色，而氯化物与茶中的多酚类作用，又会使茶汤表面形成一层"锈油"，喝起来有苦涩味。所以用自来水沏茶，最好用无污染的容器，先贮存一天，待氯气散发后再煮沸沏茶，或者采用净水器将水净化，这样就可成为较好的沏茶用水。

第六等是经过多次过滤的纯净水。现代科学的进步，采用多层过滤和超滤、反渗透技术，可以将一般的饮用水变成不含有任何杂质的纯净水，并使水的酸碱度达到中性。用这种水泡茶，不仅因为净度好、透明度高，沏出的茶汤晶莹透彻，而且香气滋味纯正，无异杂味，鲜醇爽口。市面上纯净水品牌很多，大多数都宜泡茶。除纯净水外，还有质地优良的矿泉水也是较好的泡茶用水。

由于水对茶的作用特殊，所以，在中国饮茶史上，品泉试茶，可谓是茶人的传统做法。但由于历代鉴水试茗高手，各人嗜好不同，追求不一；加之，择水范围有大有小，环境条件早晚有别，因此，对佳泉的评述，虽然总

五 泉水与文化

的前提是一致的,但前后次序往往有别。如在宜茶水品中,有较多的"天下第一泉"和"天下第三泉"等,就是例证。

那么,我们就带着大家,再去参观和欣赏一下这些能够成为茶的好伴侣的名泉吧!

◆山东济南的趵突泉水

▲茉莉花茶

作为"天下第一泉"的趵突泉,自然和茶文化脱不开关系。

趵突泉水在一座东西长约三十米,南北宽约二十米的长方形泉池中流动。明人晏璧有诗曰:"渴马崖前水满川,江水泉迸蕊珠园。济南七十泉流乳,趵突涧称第一泉。"清人蒲松龄《趵突泉赋》曰:"尔其石中含窍,地下藏机,突三峰而直上,散碎锦而成绮。……海内之名泉第一,齐门之胜地无双。"由于趵突泉水激越翻涌,溅珠飞雪,蔚为壮观,因而吸引历代许多名人学士到此观光。如今,泉池边的观澜亭,以及亭边树立的"趵突泉"、"观澜"、"第一泉"等石碑,均为明人书写刻建。

趵突泉水质清净、甘洌,用来饮用、沐浴,有益身体健康;用来煮水品茶,香正味醇。所以,历代许多游人都乐于在此品茶,为此,在泉边建有"望鹤亭"茶室。山东人最爱喝茉莉花茶,用趵突泉水沏茉莉花茶,色如琥珀,幽香四溢,清爽可口,古今闻名。宋代诗人曾巩,用"润泽者茶味更真"来形容趵突泉水之美。据清代《内务府来文·巡幸及行宫》载,乾隆皇帝巡幸山东,每次都用趵突泉水供他饮用。

◆浙江天台山西南峰千丈瀑布水

千丈瀑布水位于天台

▲天台山石梁瀑布

179

珍藏中国 中国的名泉

▲天台山瀑布

城北天台山西南峰。经后人考证，西南峰即紫凝峰。明万历进士王士性在《入天台山志》中云："行至紫凝山，瀑布悬流一千丈，陆羽评为天下十七水，又行数里至紫凝峰，为天台九峰之一。"清代张联《天台山全志》说："茶，……桑庄芝续谱云：天台山茶有三品，紫凝为上，魏岭次之，小溪又次之。"又说："陆羽品泉的西南峰名曰瀑布山，一名紫凝山，在天台县西四十里，有瀑布垂流千丈，与国清、福圣二瀑为三。"

千丈瀑布所处天台山，被誉称"山岳之神秀"。隋代敕建的国清寺，为开皇十八年（公元598年）杨广承智者大师遗愿所建，是佛教天台宗的发源地。

天台山群峰竞秀，飞瀑流泉，洁白如练。石梁飞瀑就是众多飞瀑泉中的名泉之一。天台山的主峰华顶所产的云雾茶，历史悠久。据载，东汉道士葛玄曾在此种茶，很有名气。唐代"茶神"陆羽在大历年间曾到天台山品泉试茗，对天台茶品作有评定。唐时，日本高僧最澄，也曾来天台国清寺学佛，回国带去天台山茶籽，种于日本近江（滋贺县）台麓山，为日本种茶之始。

由于天台山集名山、名水、名茶于一体，作为毕生事茶的陆羽到天台山国清等诸寺院谒拜；登华顶、紫凝等诸峰视茶；在国清、千丈等处品泉；评定西南千丈瀑布水为天下名泉，上好水品，也就不足为奇了。

◆浙江长兴金沙泉

金沙泉位于浙江长兴顾渚山。最早见于五代十国蜀人毛文锡的《茶谱》。在历史上，也有称其为涌金泉、金砂泉的。

唐代陆羽的《茶经·八之出》称："（茶）浙西以湖州上。"宋代晁公武的《群斋读书记》载："陆羽与皎然、朱放等论茶，以顾渚第一。"唐代宗年间（公元763年～764年），命长兴进贡紫笋茶，进贡数量不断上升，终使顾渚紫笋茶名闻天下。大历五年（公元770年），湖州刺史在顾渚山虎头岩设置贡茶院，由州官督促贡茶。按王室规定，第一批贡茶，由清明前十日起程，由陆路在清明前运抵京城长安，谓之"急程茶"，主要用作祭祀宗庙。唐代李郢的《茶山贡焙歌》中的"半夜驱夫谁看见，十日五程路四千"，写的就是送紫笋贡茶的情景。而贡茶院侧的金砂泉，又是不可多得的沏茶好水品。它属山泉水之列，水质清洌甘寒，滋味纯正鲜爽，是沏紫笋茶的好水品。所以，历史上进贡紫笋茶时，还得用银瓶盛装金砂泉水，一并送达长安。据明代徐献忠《吴兴掌故集》载:"金砂泉,顾渚山贡茶院侧,唐代学士毛文锡记云:将造茶时,太守具礼拜祭,顷之,发源清溢。供御茶毕,水即微减;供贡茶毕,水即减半;造毕,水即涸矣!"由鉴于此,"紫笋茶,金砂泉"之说,一直成为人间品茗美谈。

◆山东崂山矿泉

青岛是一个风光优美的地方,青岛的崂山因为"崂山道士"的神奇传说而海内外知名。可是,崂山最大的特产是什么。大家知道吗?

崂山最大的特产,就是上好的泉水。

崂山矿泉位于青岛东北部的崂山县境内。早在1 500年前,这里就有"神仙之宅"、"灵异之府"的美誉。据史书载,秦始皇曾于公元前219年登上崂山、观看蓬莱仙山。汉武帝也在公元前101年到崂山求长生不老仙药。后来,唐玄宗也曾派专人上崂山炼丹。所以,在中国历史上,这里既是道家云集之地,也是文人墨客访奇探胜之地。唐代的李白,宋代的苏东坡,明代的文征明,清代的顾炎武、蒲松龄、康有为等,都曾到过崂山。他们煮泉试茗,吟诗作歌,在此留下了许多美谈。与此同时,崂山矿泉水也就成了人们心目中的"神水"和"仙饮"。

崂山临海突起,处于海陆气流汇合之处。当雨水渗入花岗岩裂隙后,地下水在径流过程中,溶解了岩体中的多种矿物质,再从苍山翠谷中流出,便形成了著名的冷矿泉水。加之崂山是"群山削玉三千仞,乱石穿空一万丈",所以泉流纵横,计有崂山"九水"、"潮音瀑"、"龙潭瀑"、"金液泉"、"天液泉"、"神水泉"等,形成了崂山处处水,汲汲皆可饮,具有良好的健身功效。《唐常·中书门下贺醴泉志》载:"积

▲崂山矿泉水

年之疾,一饮皆愈,挈瓶而至,踵迹相望,日以万计,酌之不竭。"说的就是崂山矿泉水水源丰富,水质特优,能治"积年之疾"!

世人说:青岛啤酒美,美在崂山水。其实,品茗崂山春(茶),为的也是"只因崂山水",故而,遂有"崂山春茶矿泉水"之说。

◆浙江桐庐严陵滩水

严陵滩位于浙江桐庐县西富春山下的富春江畔。在山半腰处有两块大盘石,屹立东西两岩:东为严光钓鱼台,西为谢翱台。

严光即严子陵,东汉初会稽余姚(今属浙江省)人,因不愿为仕,退隐于富春山,后人遂称其隐居之地为严陵山、严陵钓台等。

许多著名的品茶高手都对严陵滩的水赞誉有加。

唐代"茶神"陆羽,为烹泉鉴水,提出天下二十宜茶水品,谓"桐庐严陵滩水,第十九"。唐代张又新亦曾鉴品过严陵滩水,亦称赞不已。在他的《煎茶水记》中这样写道:"及刺永嘉,过桐庐江(即富春江),至严子滩,溪色至清,水味甚冷。家人辈用陈黑坏茶泼之,皆至芳香;又以煎佳茶,不可名其鲜馥也。又愈于扬子南零殊远。"而明代品泉家徐献忠,亦步前人后尘,到严陵滩鉴水试茗。他在《水品全秩》中这样写道:"张君(指唐代张又新)过桐庐江,见严子滩溪水清泠,取煎佳茶,以为愈于南零水。予尝过,其清湛芳鲜诚在南零上。而南零性味俱重,非滩水及也"。进而指出严陵滩水最佳处是在严子陵钓台之下,滩溪之水在此回旋当属澄寂停留之处,只有沿陡立的台磴上下,或者驾舟至台下,才能取得。

如今,"天下第十九泉"的碑亭仍保存完好。诗云:"桐君云山采雀舌,富春碧水煮龙团。"把产雀舌茶的桐君山和煮龙团贡茶的富春水,描绘成一幅采茶品茗图,诗情画意,令人神往。

◆浙江雁荡大龙湫

大龙湫位在浙江乐清境内雁荡山中部的谷底连云嶂,水从嶂壁凌空而下,落差近200米,是我国东南地区有名的大型瀑布。清代江西巡抚李桓在这里题书横写"天下第一瀑"五字篆体大字,这几个字至今在连云嶂壁上历历在目。而嶂壁上的"大龙湫"三字,则是清人梁章钜所题。"白龙飞下"四字,乃是近代康有为的题词。

说到大龙湫，使人就会想到产于龙湫背的雁荡毛峰茶。明人冯可宾在《雨航杂录》中，将雁山茶与观音竹、金星草、山东宫、香鱼列为"雁山五珍"。又据《瓯江逸志》载："雁荡山水为佳，此上茶为第一。"用龙湫泉水冲泡雁山云雾茶，会使人进入"幽香移入小壶来"之感。

▲雁荡山大龙湫

关于龙湫水、雁山茶，还有一则美丽动人的传说。

相传，雁荡开山始祖是诺讵那。一天夜里，他突然遇到了一个白发老人。老人对他说："感恩始祖，使我得以安生。"诺讵那问道："何以说出此话？"老人说："师居龙湫，日常将水倾于山地，遂流成溪涧，保全山水洁净，为报答恩师，特赐茶树一株，管你终身受用。"诺讵那又问："长者尊姓，家居何处？"老人答："远在天边，近在眼前。"诺讵那一觉醒来，原以为是一场梦，不料出门一看，但见龙湫上端老龙哗哗吐水，龙尾摇摆。而居住的茅舍边，又多了一株茶树。这老龙吐出来的水，就是大龙湫瀑布；雁山茶就是那株茶树繁衍而成的。"雁荡毛峰大龙湫"之说，也就很快为世人所知。

北宋著名科学家沈括在《梦溪笔谈》中说："天下奇秀，无逾此山。"如今，雁荡山、大龙湫、雁山茶已成"名山有佳水，佳水育好茶"的美谈。

◆湖北当阳珍珠泉

珍珠泉位于当阳城西南的玉泉山麓，泉池正处于幽篁丛丛的斑竹园内，又名玉泉，也称金龙池。泉水来自玉泉山岩裂隙下渗的地下水，因其受隔水岩层阻挡，所以，才呈上升状涌出，被围在一座石池内。由于泉水碧透如玉,无数泉眼从池底涌起串串水泡,宛如颗颗珍珠,故名珍珠泉。

美丽的珍珠泉也和一段美丽的传说相伴。

据说,这里原本是银河中比较狭窄危险的一段,一次,南极仙翁奉玉帝之命从东海龙王处运一船珍珠路过这里,神船纤夫提醒仙翁,此处多暗礁,应绕道而行。仙翁把话听错了,说:"龙王本是水族之王,河里当然蛟(礁)多,不必绕道而行。"结果,神船颠覆,珍珠翻入河底。仙翁虽幸免于难,却受到玉帝处罚。从此,银河离开了地面,改道去了天上,而当阳一带则成了一片陆地。不知过了多少年以后,此事为龙伯国大人们知道,便挖土凿船取珍珠。结果,珍珠随着留存的银河圣水涌出,但一出水面,就不见踪影。最后,当龙伯国的大人们知道神物入不了凡人之手时,池坑已成为涌水如珠的泉水,珍珠泉也因此得名。

珍珠泉在唐代时已经盛名。唐代大诗人李白,有一个宗侄李英,是当阳玉泉寺僧,法名中孚,深通佛理,善于词翰,尤喜品茶,每年清明前后,吩咐小沙弥于寺左采摘茶树鲜叶,制成仙人掌茶,施舍过往香客。中孚禅师后云游至金陵(今江苏南京)栖霞寺,拜会族叔李白,并呈上仙人掌茶,于是李白作《答族侄僧中孚赠玉泉仙人掌茶》相谢。诗中,李白用雄奇豪放的诗句,将仙人掌茶作了详细的描述。这种茶,叶片外形如掌,色泽银光隐翠,香气清鲜淡雅,汤色微绿明净,饮后齿颊留香,如果配以寺前的珍珠泉,其味尤妙。明代诗人袁宏道与他的好友黄平倩同游玉泉山寺后,写了一首《玉泉寺》诗,诗中写的"闲与故人池上语,摘将仙掌试清泉",描绘的就是诗人与好友在珍珠泉闲语品仙人掌茶的情景。

直到今日,玉泉山以绿显翠,玉泉寺因珍珠泉出雅,珍珠泉有仙人掌茶为贵,可谓是名山、名寺、名泉、名茶俱美的旅游胜地。

◆湖北宜昌陆游泉

陆游泉位于宜昌西陵山上,与三游洞、下牢溪齐名,人称"宜昌三胜"。

陆游泉是由经过岩石孔隙和断层裂缝下渗,并被灰岩过滤的纯净地下水形成的。清澈纯净的泉水呈珠状涌出汇入崖间一个近似小潭的方形池中。陆游泉水面如镜,清澈见底;夏不枯竭,冬不结冰;饮之润喉,清凉甘醇,故有"神水"之誉。古往今来,为历代茶人青睐,总以瓶、罐携水,以陆游泉水品茶为快!

唐代大诗人白居易的《三游洞序》一文中,就有关于陆游泉的记载。

唐代元和十四年(819年),诗人白居易和弟弟白行简、朋友元稹三人探三游洞时,意外地发现了这口清泉,在白居易的文章中写道:"次见泉,如泻,如洒。其怪者如悬练,如不绝线。"又说:"且水石相薄,嶙嶙凿凿,跑珠溅玉,惊动耳目,自未迄戌,爱不能去。"

这口泉的扬名却是在宋代。宋孝宗乾道五年(1169年),陆游被贬谪到夔州(今四川奉节)任通判,在赴蜀途中慕名到此汲泉试茗,妙不可言,于是欣然命笔,作《三游洞下牢溪》诗一首。题曰:"三游洞前小潭水甚奇,可以煎茶。"诗曰:"古径芒鞋滑不妨,潭边聊得据胡床。岩空倒看峰恋影,涧远中含药草香。汲取满瓶牛乳白,分流触石佩声长。囊中日铸传天下,不是名泉不合尝。"诗中不仅描绘山泉的奇异风光,还道出山泉色如"牛乳"声如"珮"的优异质地。最后,诗人说他"囊中"所带的家乡(浙江山阴,今绍兴)"日铸"茶,倘若不是这样的名泉,是"不合尝"的。

自从有了陆游的光顾和赋诗颂泉,后人遂将这眼泉命名为陆游泉,并将陆游的诗刻于泉旁一侧的岩壁上,以示纪念。

如今,为了让更多的人享眼福,饱口福,在陆游泉四周镶嵌了条石,安装了雕花石栏杆,同时,其旁依溪还用青石垒砌了一座半壁亭。在亭柱上,刻有陆游"囊中日铸传天下,不是名泉不合尝"的诗句,为陆游泉增添了无穷景趣。

◆湖北宜昌蛤蟆泉

蛤蟆泉位宜昌境内的长江三峡西陵峡中黄牛峡南岸的扇子峰(又称明月峰)麓,因临江之处有一溶洞,洞口下有一块挺出的大石,形似一只张口伸舌、鼓起大眼的蛤蟆,故名蛤蟆石,又称蛤蟆碚。在洞口的蛤蟆石尾,涌出一股清泉,这就是名闻迩遐的蛤蟆泉。

蛤蟆泉水质清澈,滋味甘醇,最适合品茗试茶,被唐代"茶神"陆羽称:"峡州扇子山下有石突然,泄水独清冷,状如龟状,俗云蛤蟆口水,第四。"将其列入当时全国宜茶二十水品中的第四位,因而被历代茶人称之谓

五 泉水与文化

"天下第四泉",直至今日,仍为人津津乐道。

蛤蟆泉边流传着一个有趣的传说。

很久很久以前,嫦娥在月宫里养了一只小蛤蟆,因慕人间三峡,逃出月宫,直奔三峡,半路被吴刚打昏,掉落在扇子峰上,被一砍柴老汉救回家。待小蛤蟆康复后,老汉正想将它放生,小蛤蟆突然说话,吐露真情,要伴老汉终生。第二天,又将老汉引至装满水的水桶边,说这清清的明月水,用它"泡茶,茶碗凤凰叫;煮酒,酒杯白鹤飞",可以十里闻香。

老汉深知峡江里多的是水,没人会花钱买明月水。不过,他还是决定去试试。结果,不出意外地无人问津,老汉只好挑水返回。到扇子峰时,不小心摔了一跤,把挑的水全泼在扇子峰上。哪知当天夜里,扇子峰发出道道银光,如同明月一般发亮,这一美景把老汉惊呆了。峡江内外老百姓,知道了这一消息,也都争着要买老汉的"天水",老汉的生活终于越过越好。然

▲ 九曲溪

而，小蛤蟆却遭到了贪心财主的抢劫，那聪明的小蛤蟆趁财主一不留心，就跑进扇子峰下的一个溶洞中，并变成一块巨石，在此日夜吐水，以报答老汉和乡亲好友。从此，蛤蟆石、蛤蟆泉的美名也扬名四海。

蛤蟆泉水美妙无比是众人皆知事实。宋代诗人陆游，平生爱品佳茗，入川过宜昌时，用蛤蟆泉水品茗，赞不绝口，为此，留下了绝妙诗句："巴东峡里最初峡，天下泉中第四泉。啮雪饮冰疑换骨，掬球弄月可忘年。"接着，又在他的《入蜀记》中写道："……登蛤蟆碚，水品所载第四泉是也。蛤蟆在山麓，临江，关鼻吻颔绝类……是日极寒，岩岭有积雪，而洞中温然如春。"诗人黄庭坚赋诗说它是："巴人漫说蛤蟆碚，试裹春芽来就煎。"诗人苏辙也赋诗道："岂惟煮茗好，酿酒更无敌。"由于历代文人骚客众口称赞，为叮咚流淌、晶莹碧透的蛤蟆泉水平添了无穷乐趣。

▲武夷岩茶——大红袍

◆福建武夷山九曲溪

九曲溪位于福建武夷山峰岩幽谷之中。因为武夷山有三十六峰，九十九岩。峰岩交错，溪流纵横。一条清澈的小溪贯穿其中，蜿蜒流长。因为这条小溪有三弯九曲的特点，人们就称它为九曲溪。

由于九曲溪地处福建第一名山武夷山，而武夷山又岩岩有茶，非岩不茶，所产的武夷岩茶名扬海内。所以，"武夷岩茶九曲溪"，历来为人推崇。宋代白玉瞻作《水调歌头·咏茶》，说它是"汲新泉，烹活火，试将来；放下兔毫瓯子，滋味舌头回"。宋代的朱熹有《茶灶》诗："仙翁遗石灶，宛在水中央；饮罢方舟去，茶烟袅细香"。元人蔡廷秀写《茶灶石》载："仙人应爱武夷茶，旋汲新泉煮嫩茶"。由于九曲溪与名山、名茶相连，又有名人的推崇，使溪泉两岸出现了许多以茶为题胜迹，主要的有茶洞、庞公吃茶处、御茶园遗址、水帘茶馆等，每处都有一段名茶配美泉的动人故事。

▲ 柳泉

◆山东淄博柳泉

柳泉位于淄博蒲家庄东门外,是我国声誉卓著的一大名泉。

柳泉的前方是一道幽深的山谷,谷底转弯处即为柳泉出露处。泉口一米见方,条石镶边,泉石外围为青石平铺的平台,并建有花墙围栏。泉边竖有一块石碑,镌刻"柳泉"两字,为当代文学家茅盾先生亲笔书写。泉后柳树上挂着一块木牌,上写:"柳泉原名满井。当年此井深丈余,水满而溢,自流成溪。周围翠柳百章,合环笼盖,风景秀美。传说蒲松龄曾在茅亭上设茶待客,听取乡夫野老谈狐说鬼,最终写成了流传后世的《聊斋志异》。"

据考证,柳泉本是天然自流泉水,后来,当地的乡民们为了不让它白白流失,就砌石为井。清代蒲松龄在世时,这里已经很出名。当时泉水有一丈多深,从井中涌出的泉水汇成一条小溪,当时的人们称呼它为满井。泉边原有须二人合抱的古柳树一株。后来,居住在这里的蒲松龄又和乡民一道加植了20余株柳树,从此,井边垂柳迎风,景色宜人,人们也便改满井为柳泉,蒲松龄也自号为柳泉居士。再后来,蒲松龄无意做官,就在附近西铺村设"绰然堂"教书。有空的时候,他便在泉边柳荫茅舍设桌摆凳,用柳泉水沏香茗,招待过往行人。行人在此品茗,总感凉风习习,暑消意爽。

据清代邹弢的《三借庐笔谈》载,当年蒲松龄为了

▲文君井

创作《聊斋志异》，每天到泉边汲水沏茶，守候在泉边茅舍中，一有过往行人，便邀请入座，以柳泉茶水招待，并乘机请行人讲述各地风土人情和新奇鬼怪故事。如此春去冬来，持续二十余载，终于编著成了《聊斋志异》。文以泉生，泉以文传。从此，柳泉也就闻名远扬了。

可惜如今的柳泉已没有当年那种"水满而溢，自流成溪"的景观了，只是在多雨的季节里，才能看到井中明亮清澈的泉水。但尽管如此，许多中外游客和名人学士仍慕名远道来访，专程拜谒。

◆云南安宁碧玉泉

碧玉泉位于云南昆明市西南，安宁县城西北的螳螂川峡谷间的玉泉山麓，又名安宁温泉，被喜爱温泉的人们誉称"天下第一汤"。

安宁碧玉泉是周围山区的雨水和地表流水顺着岩石的裂隙、孔洞向下

▲玉液泉

渗透，再汇集成流的结果。它的开发、利用，历史久远。其近旁的大龙寺，至今还保存着一块石碑，上载："东汉建武丙辰年间（56年），有名将苏文达随伏波将军马援南征交趾，其后回朝，道经滇省，因瘴气不能进，乃止于此，偶与乡人游，见山中白色腾腾，始知为温泉。于是，召工开壁，遂成名胜。"

明洪武31年（1398年），著名地理学家徐霞客周游全国名山大川后，来到云南安宁，当他考察了当地碧玉泉后，在他的游记中写道："余所见温泉，滇南最多，此水实为第一。"明代诗人杨升庵，前后流放云南40多年，根据他的长期实践，在他的《浴温泉序》中，认为碧玉泉有七大特点，为此，在碧玉泉畔，杨升庵亲题"天下第一汤"五个大字，并题《温泉诗》一首，以作纪念："泉水澄清，天然石凹，浮垢自去，不积污垢，温凉适宜，可以沏茶，可以烹饪。"

碧玉泉因是地壳深部的地下水，常年水温维持在40℃～50℃，每昼夜涌水量达1 700～1 800吨，终日热气腾腾，迷雾冉冉，且水质清澈明亮，无色无味。据《云南通志》载："安宁温泉，色碧玉，可鉴毫发。"加之水中含有多种对人体有益的矿质元素，所以，它不仅可以沐浴，而且还是人们饮用和烹茶的优质水。

◆四川邛崃文君井

文君井（泉）位于四川邛崃县城文君公园内。相传此井是汉时的名人——卓文君与司马相如烹茶卖酒用水之地。

近代文学家郭沫若有言曰："卓文君与司马相如的故事，实系千秋佳话，故井犹存，令人向往。"

据史载，司马相如，西汉成都人，诗赋家，只因早年父母双亡，孤苦一人，来到临邛（今邛崃），投靠当时身为县令的同窗好友王吉。王吉为此设宴款待，在这里司马相如结识了临邛首富卓王孙。后来，卓为附庸风雅，请司马相如到家做客。相如在卓家逗留期间，抚琴自娱，优雅《凤求凰》曲飘进卓王孙之女、年轻寡妇卓文君房中，终使文君心潮起伏，夜不成眠，为慕相如才志，冲破礼教束缚，趁月夜，穿花径，隔窗听琴。相如喜得知音，便在一个朦胧的夜晚，俩人私奔成都，结为夫妇。后重返临邛，以卖酒为生。

每当工余闲暇，常汲取门前井水，品茗相叙。

后人为纪念卓文君不顾封建礼教，忠贞爱情，以及她与成都才子司马相如汲井烹茶的故事，就把此井定名为文君井。

据《邛崃县志》记载：文君井"井泉清冽，甃砌异常，井口径不过两尺，井腹渐宽，如胆瓶然，至井底径几及丈"，形似一口埋入地下的大瓮。

文君井泉水清澈明亮，终年不涸不溢，用此泉水烹茶，清香甘醇，实是醉人。如今，井旁有石坊一座，题刻"文君井"三个大字。文君井南数米是当年卓文君梳妆打扮的遗址。井北面的垆亭，是卓文君夫妇当年卖酒烹茶的亭子。在井旁的曲径回廊处，还有一座琴台，相传为当年司马相如抚琴弹奏《凤求凰》之地。

1957年10月，著名的文学家郭沫若到邛崃，忆古思今，作诗一首：题《文君井》。诗曰："文君当垆时，相如涤器处，反抗封建是前驱，佳话传千古。会当一凭吊，酌取井水中，用以烹茶涤尘思，清逸凉无比。"现已将此诗刻在石壁上，立于文君井东，成了当地的一大人文景观。

与文君井相映成趣的还有产于邛崃的文君嫩绿(茶)，相传当年卓文君就是用这种临邛茶，与司马相如一起啜泉品茗的，只是后人为了纪念这对生死与共、忠于爱情的夫妇，才将邛崃茶中的极品取名为文君嫩绿的。清代学者章发曾作诗赞美："地接蒙山味具殊，火前火后亦同呼。相如应有清泉喝，会试萌芽一试无。"将文君泉烹文君嫩绿的好处，说得恰到好处，使人久久回味。

◆四川峨眉玉液泉

玉液泉，位于佛教四大丛林之一的四川峨眉山金顶之下的万定桥边、神水阁前，有"神水第一泉"之称。

玉液泉以一潭碧泓诱人悦性，还以奇绝水品称雄。古人谓此泉不同凡响，称它是"天上的神水"、"地下的甘泉"。虽历经千百年，仍久旱不竭。水品清澈明亮，光照鉴人。一旦饮下，两腋清风。而玉液泉四周，又是峨眉极品茶产地。用玉液泉品峨眉茶，自然为文人墨客倾心。

早在北宋时，黄庭坚、苏东坡就曾来此咏泉品茗，留下了赞美玉液泉、峨眉茶的墨宝。如今，在玉液泉前的一块石碑上，镌刻的历代诗文就是佐证。"二美合碧瓯，殊胜馔群玉"。玉液泉烹峨眉茶，相映生辉。

说到玉液泉的由来，还有几则动人的传说。

据说是在春秋战国时，楚狂接舆来峨嵋山隐居，他朝夕诵经修心，普度众生，感动天上王母娘娘。于是，王母派遣玉女引来瑶池琼浆玉液供舆享用。自此以后，舆天天用泉水煮饭品茶，回味无穷，这就是玉液泉的由来。因玉液泉既是神仙所赐，又与瑶池相通，故又称"神水"。

至于"神水通楚"，说的是隋代高僧智凯，在峨眉山中峰寺修行期间，天天用神水烹茶诵经，后来移居湖北江陵玉泉寺为僧，但仍不忘峨眉神水之味。一天，一位仙姑龙女扮作民间少女出现在智顗面前，表示愿去峨眉取神水，约定次日在寺院外玉泉边交接。智凯不信，便说："姑娘若能将我留在中峰寺的钵盂和禅杖一同取来，便可相信取来之水是峨眉神水。"次日，智凯应约来到玉泉边，只见自己的钵盂和禅杖随泉水飘出，且盂中已盛满"神水"。于是，高僧用神水烹茶，深感此水与玉液泉水无异。从此，智凯天天能饮到玉液泉水，因而有"神水通楚"之说。

现今，人们见到泉旁石碑上镌刻的"玉液泉"和"神水通楚"碑文，乃是明代龚廷试所题。泉旁石崖上题写的"神水"两字，出自明代御史张仲贤手迹。

玉液泉自唐以来，历经宋、元、明、清，直至今日，仍有众多茶人来此汲泉品茗。经有关食品专家测定，认为玉液泉水最宜烹茶，它是一种极为难得的优质饮用矿泉水，除视觉、口感殊绝于众外，还含有微量的氡、二氧化硅等，对人体有很好的保健作用，这就是人们热衷于用玉液泉品茗的道理所在。

除上述的泉水之外，江西庐山的谷帘泉、江西庐山招隐泉、江苏无锡惠山泉、江苏扬州大明寺泉水、江苏镇江中泠泉、浙江杭州虎跑泉、北京玉泉等皆富含矿物质营养。用这等上好泉水品茗，自然为人钟情，大有"茶不醉人人自醉"之意。不过，在前面的介绍中，我们已经带领大家领略了这些名泉的风采，这里就不再重复了。

水和茶，一个纯净清澈，一个内涵深广。它们结合在一起，形成的茶文化引人入胜，让人"爱不释口"。而我们认识的众多名泉，也因为和茶的渊源，而变得更有内涵，更受人们的喜爱。

六 天下奇泉齐聚会

前面给大家介绍了许多著名的冷泉和温泉。可是，大家知道吗？在我们幅员辽阔、美丽富饶的祖国大地上，还有许许多多十分特别的泉在等着我们去发现呢！

◆瀵泉

陕西省韩城市西南40千米的合阳县东五乡，有一奇特的"五瀵泉"。当地人说，用这眼泉的水灌溉过的农作物，都能长得苗壮株粗，籽满粒圆。同一块土地，用瀵泉水浇灌过，产量能提高一至二成，当地人都叫它天然肥水或粪水。

根据《辞海》解释，瀵，是由地下喷出的泉水。可见，该处的瀵水是从地下深处被挤压出地面的地下水。

五瀵泉名字带着一个"五"，实际上却有七个泉。黄河西岸的一级河流阶地上有五个，分别叫做王村瀵、渤池瀵、西里瀵、熨斗瀵和小瀵；黄河水道正中还有两个，一个是夏阳瀵、一个是东里瀵，它们只在枯水期水位大落时才露出地表。在这七个泉中，以河道中的夏阳瀵最大，流量为每秒0.58立方米。西岸一级阶地上的五个泉中，王村瀵较大，流量每秒约0.05立方米。人们为保证这珍贵的泉水不会随意流失，就在它们四围筑造了堤坝。泉水灌溉着周围千亩以上的土地，为人们送来丰收和喜悦。

瀵泉之所以能够让庄稼长得更好，是因为它的水中除含有常见的镁、钙、钠、铁、碳酸根、硫酸根等成分外，还富含氮、磷、钾等化肥中常见的成分。同时，泉水中的矿物质浓度比较适当，非常适合植物生长的需要。据专家测定，这里的水温常年保持在30℃左右。当地的县志上就有"冬天水汽浮空，游动里许"的记载。

据地质考查获悉，五瀵泉处于关中盆地的东北部，这里正好有一条地下的裂缝和黄河交叉。由于这里地下断裂带较大，跨越了好多个地层，使得深埋在地下的古老岩石中的地下水和地面有了联通。这些古老的地下水在地下压力的作用下，沿着破碎的裂缝流动上涌，正好在黄河河道对地表冲蚀切割的低洼处流出地面。于是，我们就看到了今天的瀵泉。

瀵泉，作为一种天然肥水有功于人类，给古今人等留下了美好的印象，不少文人墨客对这一大自然赋予人类的宝贵财富加以赞美。清朝乾隆年间，湖北游人张开东的《五潢泉铭》就是其中的赞文之一，现录其中四句："兴波出云，若流若注，土膏既滋，载润禾黍。"

◆鱼泉

河北中部偏西的易县，有一座鱼洞山。鱼洞山的山脚处有一处神奇的鱼泉。

这里为什么被人们称为"鱼泉"呢？

原来，每到多雨的时节，鱼泉的泉眼里就会不断地涌出鱼来。有一年，这里竟流出两万多条鲜鱼，总共的重量达到了上万千克。

而且，神奇的"鱼泉"不仅有这一处。渤海湾石门县的龙门泉，每年1月底到2月初，也会冒出鱼来。

令人称奇的是，在四川石柱土家族自治县金铃乡，有一对相距35米的泉隔河相望。每年春天，河西的"公泉"就会喷出一股水柱，直射入河东的"母泉"内。由于公泉水的激冲，母泉在收到水流的三五分钟内就开始出鱼。从此天算起，鱼从母泉中能连续涌出10多天。

更为奇特诱人的是，在广西右江江畔的平果县，有一著名特产莫六鱼，它不产于江河，也不产于湖泊、水库、池塘，而是产于鱼泉。这里的鱼泉在该县城码头镇东南1千米处，四周山奇石巧、江流如带、青山绿水、环境优美。清冽的泉水中，常涌出活蹦乱跳的鲜鱼，其体重一般不超过3千克，故名"莫六鱼"，所以，这眼泉又被称为"莫六鱼洞"。

莫六鱼洞属岩溶地貌，从洞口到洞底长约70余米，狭长的岩洞像一条蜿蜒向下爬行的"长龙"。它与右江附近几条地下河相通，莫六鱼就生长在清凉阴暗的地下河中，以摄食岩石上的附着生物等为生。这种鱼嘴生得离奇，它不在头前面，而在头下边，且下嘴唇肥大发达。莫六鱼离洞后，在别的水中养不活，几天后就死了，属广西珍贵鱼种。

在神州各地，一个县境内拥有的鱼泉数量之多，鱼的品种之丰富，产量之高，要数地处大巴山南麓的四川城口县。

城口县的任河、前河两大水系都滋养了众多的鱼泉，现已查明的鱼泉就有57处。泉中涌出的鱼类有鲶鱼、齐口烈腹鱼等30多种，鲜鱼年产量在60吨以上。其中的东安鱼泉，泉口一尺见方，年产鲜鱼约5吨多。城口真不愧为鱼泉王国。

当你来到山清水秀、风景可餐的城口县游览时，你定会被众多的鱼泉及成千上万的鱼群随着"咕嘟咕嘟……"的泉声往外喷涌出洞的奇丽景观所陶醉。有的鱼儿如同跳水运动员，在空中翻滚腾飞后落入深潭；有的鱼儿宛如离弦之箭射向空中，沿着抛物线的轨迹堕入泉塘；有的鱼儿在空中欢乐地跳着"迪斯科"，而后钻入水中……千姿百态，景象万千，令人感叹不已。

◆虾泉

泉中除了可以冒出鱼，还能冒出什么呢？

对了，答案就是——虾！

虾泉位于广西南宁市西北120千米的右江北岸。在平果县城西虾山脚下，离江边很近的地方有一个泉口，清澈明净的泉水注入右江。每年农历三四月夜深时，密密匝匝的虾群就会云集右江水和泉水汇合处以上的浅水洼里，争先恐后地逆水奋进，向前方的泉口"冲锋"。被泉水冲下来的虾又会再次冲锋，勇往直前。最后，那些冲上泉口的虾便以胜利者的姿态，优哉游哉地进入泉水深处，从此不再出现了。

这里虾的奇特习性是"江里生泉里养"，它们出生在江水中，却喜欢在泉水中生活。在这些虾的眼中，右江是它们的"老家"，虾泉才是它们自己的"别墅"。

每年的这个时候，当地的村民就会往泉口安一个虾笼，经过两三个小时的"守笼待虾"，老乡们便可不"捞"而获十几千克"战利品"，欢欢喜喜地回家了。

◆发酵泉

发酵泉在四川丹巴县境内边尔村附近。此泉露于边尔河北侧的溪沟底，方圆数十里的居民经常来这里取水，和面烙饼、蒸馒头，既不用发酵，也不必用碱中和，蒸出的馒头与通常方法蒸出的毫无两样。故当地人称此泉为"神泉"。

原来，"神泉"从泥盆纪地层的一条小断层中涌出，水温17℃。泉水溢出时，伴有串串气泡逸出。无疑，水中溶解有大量气体。化验分析表明，气体中含有大量的二氧化碳和少量的氮、氧。二氧化碳是深部岩石在高温下变质的产物，又处于高压环境，故二氧化碳大量溶于水中。泉水之所以能够用于发面蒸馒头，完全是溶于水中的二氧化碳等气体受热膨胀的结果。

◆水火泉

水火泉位于台湾省台南县白河镇东约8千米的关岭子北麓。泉水从黝黑的岩石缝中涌出，水温高达84℃，水色灰黑，水味苦咸。

有道是"水火不相容"，然而，这里的泉水流进一个小池里时，仍然滚滚如沸，浓烟从水中腾起，高达三四尺。人们只要在水面上点燃一根火柴，火焰就能从水中燃烧起来。因为该泉有水中出火的奇观，水火同源，人们就称它为"水火泉"。

水火泉的泉水之所以能够点燃，是因为地下水中含有可燃性气体成分的缘故。关子岭温泉所在的地层中，分布着含有可燃性油气的泥质岩层。在地热条件作用下，这里的岩石不断产生着主要成分为甲烷的天然气。与地下水"合二为一"的甲烷，也和地下水一起迁移，而后沿着大断层上升到地表。含甲烷的地下水露出地表后，因压力条件发生了变化，甲烷自水中逸出。由于甲烷无色，还很易燃，所以人们就能看到眼前呈现出水火相容的奇观。

◆潮水泉

潮水泉是一种特殊的泉。泉水如同大海的潮汐，来去有时，趣味盎然，因此它们又被称为报时泉。水文地质学上则称呼它们为间歇泉。

湖南省花恒县民乐镇苗寨里有一口一日三潮的神奇泉。每天清晨、中午和傍晚三个时辰，一股水柱从泉眼中冲天而起，响声如雷贯耳，颇为壮观。持续时间一般为50～80分钟，过后水柱才慢慢平息下来，复变为涓涓细流。更为奇异的是，此泉还能准确地为当地苗族人民预报天气。如果此泉涨潮时间突然推迟，或一天数潮，同时持续时间短，那么过几天就会下大雨或暴雨；如果每天按规律涨潮，则说明天气变化相对稳定，晴雨相宜，风调雨顺。故当地人又把这个潮水泉称为"气象泉"。此类的潮水泉在湖南、云南、江西等地都有。

这种神奇的潮水泉是怎么形成的呢？

出现潮水泉的地区都是由石灰岩组成的。石灰岩不断受到地下水和地表水的溶蚀后，就会在岩石内部和表面形成许多地下溶洞和地表沟。当地下溶洞被从地表渗进来的水积满时，就会被诱发而产生"虹吸"作用，洞中的水通过蜿蜒管道的弯曲顶端向外流出，这时，连通到地面的泉口便出现"涨潮"喷水。当洞内地下水位不断下降，降低到特定的水位以下时，刚才的"虹吸"作用就会消失，泉口涌水也会戛然而止，就产生"落潮"。如此循环不已，泉水便出现了涨落现象。

至于潮水泉能预报天气，则缘于天气的变化与大气压的变化密切相关。一般说来，高压控制多为晴好天气，低压控制多为雨水天气。气压高时，自然对溶洞水面压力大些，能提前涨潮或持续时间长，说明天气晴朗；反之，低气压时，对储水洞水面压力变小，涨潮时间推迟或持续时间短，预示风雨天气要来。

◆ 含羞泉

四川省广元县龙门山上的陈家乡山中，有一股受震动就蜷缩的含羞泉，当地群众称为"缩水泉"。只要把一块小石头往泉水里一扔，泉水受到回声与波震的影响，泉水就缓慢地缩回去，水面降低，就像一位见了生人就脸红的姑娘一样，立即羞羞答答躲起来。过一会儿后，泉水又慢慢涌出，由细变粗。

这处神奇的泉水吸引了不少游客前来观赏。泉水从穴中汩汩涌出，当游人对泉水吆喝或敲击器物时，受惊的泉水立即滚动，慌慌张张退回"深闺"，这时，泉洞只有水浸过的印痕犹存；平心静气地等上两分钟，泉水又试探着伸出头来。有时，好奇者吆喝再三，弄得这含羞的泉水复隐复现，不知这世界发生了什么事。

如今，含羞泉的身影已经因为地理环境的变化而消失不见。由于含羞泉隐匿于偏僻山乡，以前交通不便，修路毁弃前它连一张"玉照"也没有留下。在老版本的《广元县志》里，人们找到了有关它的"肖像描述"：朝天陈家坝，距场三里的银广岩对岸，峭壁间有小隙，喷出泉水清冽寒齿，流二三丈注入安乐河。泉水常年不涸，时涨时缩。行人有咳嗽声，呼喊声，泉水即缩回，声静泉水复流如故……

关于含羞泉，当地流传着一个古老的传说。

相传很久以前，安乐河名叫黑河，河中有一条黑龙为非作歹，与朝天龙门洞中的孽龙结伴为患。民怨升天，听说此事的玉帝就派七仙女下凡治服恶龙，黑河从此水明如镜，人民安居乐业。仙女们为沐浴净身，便于薄山峡辟了一池，为防人偷看，便用薄石板将水池拦了起来，仙女们沐浴嬉戏时，池水四溢，一有响声，就静止不动，水就缩回去了。含羞泉就是这样形成的。

科学家们则说，含羞泉的形成是由于当地的水文地质条件十分特殊。这里的地层中分布着许多能被水溶蚀的石灰岩，石灰岩石受挤压，就会形成许多裂缝，降水和地表水沿裂缝潜入地下，先汇集在一个大贮水洞里。之后，地下水通过一条能产生虹吸现象的溶蚀管道排出。不过，泉水在流出的时候会受到降水等因素的制约，经常表现出间歇式的断流，所以"含羞泉"实际是一口间歇泉。

◆鸳鸯泉

在凤山县城东边2千米处的凤凰山脚下，有一个鸳鸯泉，当地人也称它为称"公母塘"。这是一处怎样神奇的泉水呢？

鸳鸯泉有两个泉口。奇妙的是，两眼泉水虽然相隔仅40米，水色却一清一浊。明代著名旅游家、地理学家徐霞客来到凤山后，见到两口一清一浊的泉水，也觉得比较奇异，但他嫌当地人起的名字太俗，所以就把它们称作"鸳鸯泉"。从此，"鸳鸯泉"的名字叫了开来。

"鸳鸯泉"三面环山，旖旎秀丽，两泉相隔40米，泉底长水草。左泉呈椭圆形，长径25米，短径20米，泉水略带蓝色，看不见底，称"公塘"；右泉呈圆形，直径25米，泉水清澈如玉，略带绿色，称"母塘"。

鸳鸯泉的泉水来自哪里？两泉水色各异背后又有着怎样的秘密呢？

抱着这样的疑问，科学家们对鸳鸯泉进行了潜水考察，初步考察表明，两泉的水源主要是从泉边和泉底下小石缝流出来的，暂时没有发现大的水下通道，泉水深度在4米至5米之间（公塘5米、母塘4.2米），泉底有水草和鱼等生物，公塘下面的泥土比母塘多。科考队的邓高夫表示，凤山属亚热带气候，雨量充沛，溪流密布，天然泉水众多，从乔音河的源头起，有多处泉水，而鸳鸯泉也处在这条源头里面。因此，鸳鸯泉的泉水可能来自乔音河。

那么，水色差异迥然是怎么回事？是水质问题吗？

专家们对两泉的水温、酸碱值、电导率、特殊项目等进行分析，对比公母泉的水质测试结果可以看出，两泉的颜色差异并非水的化学成分不同造成的。

据曾经到此考察的水利专家介绍，光照条件的差异可能是两泉存在色差的主要原因。由于"母塘"更靠近山边，太阳光线入射角与"公塘"存在较大差异，加上"公塘"、"母塘"水体深度不一，因此折射、反射条件不同。而且，"母塘"的水草能吸收部分光线，从而导致其水色相对较深。专家同时也表示，出水速度也可能是一个重要因素，"公塘"出水快，"母塘"出水慢，"公塘"因为出水快，很容易把塘下的泥土扬起，影响了水的纯净度。光照角度、出水速度、泉底水草等因素导致了鸳鸯泉的神奇景观。

怎么样，连科学家都不能说清楚成因，鸳鸯泉确实很神奇吧？

◆香水泉

普通的泉水都是无色无味的，温泉水因为水中含有很多和火山有关的矿物质，闻起来总会有些刺鼻。不过，有一种泉的泉水闻起来却是香的，大家见过吗？

河南省睢县城南就有这样一眼地下流泉。

这里的泉水清冽甘美，更特别的是，泉水带有槐花的香味，馥郁醇厚。人们把这里的泉水形象地称为"槐花水"。

早在北宋年间，槐花水就被用来酿酒，它被酒家赞为天然琼浆玉液。

青海省的省会西宁市也有一个神奇的香水泉。

西宁建城距今已有六百多年的历史，旧时的北门城墙逶迤向东，行至北门外数百米处，忽遇一面百米高的石崖，北门城墙就依势建造在了这面高崖之上。高崖的石隙中有两眼清泉汩汩涌出，因水质清冽甘甜，得名"香水泉"。

大约在明弘治年间(1488年~1505年)，有人凭泉建寺，名为香水寺。至明万历三十八年(1610年)西宁兵备道龙膺在香水泉附近修建了亭台楼阁，使之于香水寺连缀成片，并将香水寺更名为"蒙惠寺"。到了清朝乾隆年间(1736年~1795年)，西宁佥事杨应琚和县令陈铦再次浚池构亭，香水园始见规模。至此，香水园便成了西宁人休闲娱乐的首选之地。

香水园紧挨西宁北城墙，长数百米，宽不过几十米，规模不大，但是园内的建筑很有特色。

香水园内的诸多建筑，都是围绕着一条纵贯园内的溪流而建的，溪流宽不过数米，但水质澄澈。溪流两侧栽有垂柳花木，春夏之际，垂柳倒影水中，水光映在柳上，自成一番情趣。溪流上还筑有拱桥楼阁等建筑，乍一看去，颇具南国水乡的情韵。

香水园内最有特色的建筑是黑虎洞。黑虎洞依崖凿筑，洞内漆黑一片，洞中央塑有一只白虎。旧时的西宁市民认为，这只白虎有赐子功效，常有妇女将香囊等物挂在洞内还愿，并逐渐演绎出了这样一种风俗：已婚妇女如果无子，就要到黑虎洞摸香囊，如果谁能在洞内找到香囊，来年定能得子。

如今，由于大规模的城市建设，香水泉附近已经不像过去一般清静安详。然而，这里泉水的神奇一直没有被人们遗忘。

◆乳泉

乳泉井是在新会境内圭峰山上一个充满神奇色彩的地方。

从玉台寺出发沿着环山公路，转过两个山弯就是乳泉井所在之处。乳泉最不平凡的地方就是泉水清凉甘甜，永不涸缺。泉水不但呈乳白色，喝起来还有淡淡的奶香。在冬天，这种香气尤为明显。人们就把这处泉水称为乳泉井。

乳泉井原在清代所建的云峰寺内。由于时代的变迁，云峰寺现在已经荡然无存，只剩下这眼井还留在圭峰。

关于乳泉井的来历，有一个神奇的传说。

很久以前，在圭峰山下有个叫阿泉的小伙子，他自幼就父母双亡。当时，村里有个又贪财又狠毒的财主叫"铁公鸡"。每日，阿泉都要到云峰寺附近山头为"铁公鸡"砍一担柴，但刻薄的"铁公鸡"每天都不给阿泉饱饭吃。幸好，云峰寺的老和尚见阿泉这样可怜，经常端些斋菜给阿泉填肚子。

有一天上山的时候，阿泉遇见一个白胡子的老大爷，老大爷对他说："阿泉，我这里有个碗，你渴了就拿来盛水喝吧。"阿泉见它只是一个普通的粗瓷碗，谢过老大爷后便把碗收下。到中午时他感到口渴，拿着老大爷送给他的碗，盛山泉解渴，顿觉泉水分外甜美，他连饮了三碗，疲劳顿去，浑身有力，挥起柴刀霍霍生风，很快就砍够一担柴。阿泉知道这一定是个宝碗，白胡子老大爷一定是个来救助他的神仙，便把这只宝碗藏在云峰寺内。

铁公鸡见阿泉如此早就收工，觉得奇怪。第二天，他偷偷地跟踪阿泉，发现了宝碗的秘密，便想把宝碗据为己有。于是，他带了一班打手拆毁了云峰寺，发现了宝碗。铁公鸡拿着宝碗刚想离开，闻讯赶到的阿泉乘其不备，奋不顾身地抢回宝碗，然后跳进了云峰寺的古井中，失去了踪影。

这时，山上突然黑云翻滚风雨大作，一道闪电挟着巨雷劈了下来，把铁公鸡打死在地上，打手们一个个吓得像丧家之犬，逃去无踪。雨过天晴后，云峰寺古井原来清澈见底的井水，呈现出像牛奶一样的乳白色，而且格外甘甜、清凉，从此人们便把这古井称为乳泉井。

◆月牙泉

著名的月牙泉位于甘肃省河西走廊西端的敦煌市，处于鸣沙山环抱之中。因为形状酷似一弯新月，这汪沙漠中的清水便被称为月牙泉。古人把这里称作沙井，也称作药泉。

自汉朝起，月牙泉就是著名的"敦煌八景"之一，被人们赞誉为"月泉晓澈"。

月牙泉南北长近100米，东西宽约25米，泉水东深西浅，最深处约5米，有"沙漠第一泉"之称。月牙泉这弯小小的清泉，涟漪萦回，碧如翡翠，身处流沙中，干旱而不枯竭。更神奇的是，泉水周围高耸着两座沙山，沙山上的细沙却从来不落进泉中。历代的文人学士对这一沙漠奇观都称赞不已。

月牙泉鸣沙山是如此神奇，围绕着它们，人们口耳相传着许多动人的传说。

从前，这里没有鸣沙山，也没有月牙泉，只有一座雷音寺。有一年四月初八，寺里举行一年一度的浴佛节，善男信女都到寺里烧香敬佛，顶礼膜拜。当佛事活动进行到"洒圣水"时，住持方丈端出一碗雷音寺祖传圣水，放在寺庙门前。忽然，方丈听到一位外道术士大声挑战，要与他斗法比高低。只见外道术士挥剑作法，口中念念有词，霎时间，天昏地暗，狂风大作，黄沙铺天盖地地而来，把雷音寺埋在沙底。奇怪的是，寺庙门前那碗圣水却依旧安然无恙，稳稳地停在原地。

外道术士又使出浑身法术往碗内填沙，但任凭妖术多大，碗内始终就是不进一颗沙粒。直至碗周围形成一座沙山，圣水碗还是安然如故。外道术士无奈，只好悻悻地离去。他刚走了几步，就听到了轰隆一声，那碗圣水半边倾斜了，变成了一弯清泉。而那个外道术士则变成了一摊的黑色顽石。

原来，这碗圣水本是佛祖释迦牟尼赐予雷音寺住持世代相传，专为人们消病除灾的，故称"圣水"。由于外道术士作孽残害生灵，佛祖便显灵惩罚，使碗倾泉涌，形成了月牙泉。从此，月牙泉和周围的沙山就一直留在了原地，最终变成了人们眼中的传奇。

◆骆驼泉

骆驼泉位于循化撒拉族自治县积石镇西4千米的街子村清真大寺附近。它虽是一泓不大的清泉，但却是撒拉族之乡的一处圣迹，也是传说中撒拉族的发祥地。

骆驼泉被撒拉族视为圣泉，在撒拉族文化中占有重要地位。前几年，当地人民为了保护骆驼泉，在泉边修建了围墙和铁栅栏，围墙内种上了松柏、果树和鲜花，还在园内泉边雕塑了三座不同形状的大型骆驼石雕像，修建了水榭和亭阁。骆驼泉景区面积约为3 500平方米，呈一长方形。中央部分为一长约40米，宽约20米的水池，泉水从池中央的泉眼中涌出。池深0.6米左右，周边为水泥砌成。

骆驼泉的来历与撒拉族有关。

相传在七百多年前的元代，中亚细亚的撒马尔罕地方，居住着一个充满英雄业绩的部落。他们是乌古斯撒鲁尔的一支，首领是阿合莽、尕勒莽两兄弟。他们兄弟俩率领族人出征作战，每次都能取胜；带领部落的人四处做生意，每次也都能发财。因此，部族人的日子一天比一天过得好，阿合莽和尕勒莽两兄弟在众部落中的威望也一天比一天高。撒马尔罕的国王出于忌恨，便和王公贵族们设下奸计，要把他兄弟俩置于死地。

兄弟二人得到先哲的启示，远走他乡，到东方寻找乐土。于是，阿合莽和尕勒莽便率领族人进行了一次艰难、悲壮的民族大迁徙。他们牵了一匹白骆驼，灌上了一罐清亮亮的故乡水，装上了一袋肥沃的故乡土，还带上了一部《古兰经》。他们跋涉过了29条恶水，穿过了29片密林，越过了29处大漠，终于行至循化境内黄河岸边的乌土斯山上，这是他们将要翻越的第30座大山了。这时候天慢慢黑了下来，人们忙碌着扎帐房，生火做饭。

突然，人们发现驮经的骆驼不见了，大家赶忙点起火把，在山坡上四处寻找。寻到天亮，人们在街子河东边沙坡下，看见了一片绿色的芦苇，芦苇丛中有一池泉水。啊！那不是白骆驼吗？人们欣喜若狂地朝泉水跑去。可是跑到跟前一看，白骆驼已经变成了一尊洁白的石头。他们眺望这一带山水，密林层层的丛山上，紫气氤氲；金灿灿的黄河两岸，川道平坦。人们拿出故乡的水和这里的泉水来对比，两处泉水一样的清亮，一样的甜醇；他们取出故乡的土和河边的土比，两地的土壤一样重，一样肥沃。人们欢呼雀跃，举起《古兰经》顶礼膜拜。哦，这就是千里寻求的乐土呀！

世代居住这里的藏族朋友，再三挽留勇敢善良的阿合莽兄弟和他们的族人留下来。蒙古族牧民兄弟更是胸怀大度，情愿以丰美的水草相让，而自己却赶着牲畜，迁往青海湖边放牧。阿合莽兄弟率领的撒鲁尔人，便高兴地在这里居住扎根了。从此，他们把这一池永不枯竭的清泉，亲切地叫做"骆驼泉"。

◆ 蝴蝶泉

美丽的蝴蝶泉位于苍山云弄峰下，泉水清澈如镜。每年到蝴蝶会时，成千上万的蝴蝶从四面八方飞来，在泉边漫天飞舞。蝶大如巴掌，小如铜钱。无数蝴蝶还钩足连须，首尾相衔，一串串地从大合欢树上垂挂至水面。五彩斑斓，蔚为奇观。

这样的美景是如何形成的呢？科学家说，蝴蝶泉的形成与这一带的环境条件有关。

蝴蝶泉西靠苍山，东临洱海。苍山巍峨挺拔，耸立如屏，山顶积雪，终年晶莹，云聚生雨，降水丰富，植物繁茂。洱海总面积约240平方千米，风光绮丽，花枝不断，四时如春。苍山和洱海不仅为人类提供了"银苍玉洱"的观赏美景，而且构成了蝴蝶等昆虫大量繁殖与生长的自然环境。蝴蝶泉处于洱海大断裂的北东盘，该盘在地下水溶蚀作用下，形成了众多的落水洞和溶洞，受大气降水和地表水补给，形成了岩溶含水层。这一含水层中的地下水，沿溶蚀管道流动，在与冲、洪积物接触部位，受细粒松散物阻截，溢出地表后形成蝴蝶泉。蝴蝶泉水无臭、无味，水质淡美。泉好水美，再加上泉边的那棵合欢树，美丽的蝴蝶自然乐意光临了。

蝴蝶泉又叫无底潭。古时候，云弄峰下有个叫羊角村的地方，住着一位如花似玉、心灵手巧的姑娘叫雯姑。她的勤劳和美丽使小伙子们做梦都想得到她纯真的爱情。云弄峰上有个英俊的白族年轻猎人名叫霞郎，不仅武艺高强，而且为人善良。有一年，雯姑与霞郎在三月三的朝山会上相逢，一见钟情，互定终身。

苍山下住着一个凶恶残暴的俞王，他得知雯姑美貌无比，打定主意要雯姑做他的第八个妃子，于是派人把雯姑抢入宫中。霞郎知道后，冒着生命危险，潜入宫内救出了雯姑。俞王发觉后，立即带兵穷追。他俩跑到无底潭边时，已精疲力竭，带着刀枪火把的追兵已到眼前，危急中两人双双跳入无底潭中。

第二天，打捞霞郎和雯姑的乡亲们没有找出两人的尸体，却看见从深潭中翻起的一个巨大气泡内飞出了一对色彩斑斓、鲜艳美丽的蝴蝶。彩蝶在水面上形影不离，蹁跹起舞，引来了四面八方的无数蝴蝶，在水潭上空嬉戏盘旋。从此，人们便把无底潭称为蝴蝶泉。现在，每到农历的四月，山花烂漫之时，就会有成千上万形态各异的蝴蝶到泉边相聚。

风光秀丽、泉水清澈的蝴蝶泉，是有名的游览胜地之一，独具天下罕见的奇观——蝴蝶会。伟大的地理学家、旅行家和探险家徐霞客在游完闻之已久的蝴蝶泉之后，也对这里的美景给予了高度的评价。概括起来，蝴蝶泉的美丽有"三绝"，那就是"泉"、"蝶"、"树"。

首先是"泉"。蝴蝶泉的水是从岩缝沙层中浸透出来的，水质特别清洌，一出地表便汇聚成潭，没有任何污染。蝴蝶泉奔泻而出的泉水，近年来又被公园管理者十分珍惜地蓄积于三个一潭比一潭大的水潭之中，供人观赏，最大的一潭约10亩。蝴蝶泉由过去的三潭，变为现在的四潭，这是蝴蝶泉公园内最显眼的景观。

其次是"蝶"。蝴蝶泉内，蝴蝶种类繁多，每年阳春三月到五月间，各种大大小小色彩斑斓的蝴蝶蜂拥而至，成串悬挂于泉边的合欢树上。4月15日这一天被白族人民定为蝴蝶会。徐霞客在他的游记里曾作过这样的描述："还有真蝶万千，连须钩足，自树巅倒悬而下及于泉面，缤纷络绎，五色焕然。"著名诗人郭沫若于1961年秋到大理游蝴蝶泉时，曾写下"蝴蝶泉头蝴蝶树，蝴蝶飞来万千数，首尾联接数公尺，自树下垂疑花序"的诗句。一个说蝴蝶"连须钩足"，一个说蝴蝶"首尾联接"，到底哪种说法更加正确，那就要靠大家自己来发现了。

最后是"树"。蝴蝶泉公园内，有"蝶泉之美在于绿，请君爱护花和木"的环境标语牌，这句话如实地说出，蝴蝶泉之美不仅得益于沿途我们所见到的凤尾竹、圣诞树等夹道迎客的新栽林木，以及泉后满山遍野的松林、柏林、棕榈林、茶林、杜鹃林、毛竹林，还更得益于蝴蝶泉边的合欢树、酸香树、黄连木等本地特有的芳香树种。蝴蝶泉边这株夜合欢树，每当4月初开花时节，白天花瓣张开如一只只蝴蝶，夜晚花瓣又合拢吐出阵阵扑鼻清香。诗人形象地赞美蝴蝶是"会飞的花朵"，这合欢树的花朵则是"静止的蝴蝶"。蝴蝶会期间，花与蝴蝶共舞，真假难辨，是蝴蝶泉的一大奇观。

◆冰泉

冰泉是陕西蓝田县内一口其貌不扬的井。人们如果将别处的水倒入井中，水就会立即冻结成冰，即使在盛夏酷暑时也不例外。冰泉堪称泉中一绝。

◆甘苦泉

甘苦泉是河南焦作太行山南麓一对并列的泉眼，两个泉眼间距仅1尺左右。奇妙的是，左右两个泉眼中流出的泉水味道竟然是一苦一甜，截然不同。这"一家兄弟两个脾气"的风景，吸引了许多人慕名来访。

▲蝴蝶泉

▲骆驼泉